O ENSINAMENTO FUNDAMENTAL DE CRISTO

PASSO UM

SÉRIE DE FUNDAMENTOS DO DISCIPULADO

DR. HENDRIK J. VORSTER

MANUAL DO PROFESSOR

Série de Fundamentos do Discipulado
Passo Um
O Ensinamento Fundamental de Cristo
(Manual do Professor)
Por Dr. Hendrik J. Vorster

Um guia prático para o Professor para ensinar outros a serem bons discípulos do Senhor Jesus Cristo.

Além deste Manual, você também vai precisar dos seguintes itens para completar seu estudo:
Uma Bíblia NVI.
Uma caneta ou lápis para anotar as respostas.
Lápis coloridos (vermelho, azul, verde e amarelo)

Para mais cópias e informação, visite nosso site e nos escreva:
www.churchplantingdoctor.com
resources@churchplantingdoctor.com
Escritura retirada da BÍBLIA SAGRADA (com referência para as Editoras).

Copyright © 2021 por Dr. Hendrik J. Vorster
Todos os direitos reservados.
Nenhuma parte desta publicação pode ser reproduzida, armazenada em sistema de recuperação de dados, ou transmitida em qualquer forma e através de quaisquer meios, eletrônico, mecânico, cópia física, gravação ou de outra maneira, sem a permissão do autor, exceto para o uso de citações breves em uma resenha de livro.

ISBN 978-1-957626-12-3

CONTEÚDO

Agradecimentos   v
Série de Fundamentos do Discipulado   vii
Introdução   ix

PARTE I
ARREPENDIMENTO DO TRABALHO MORTO

1. ARREPENDIMENTO DAS OBRAS MORTAS	3
O arrependimento marca "nossa parte" na Salvação.	3
O Princípio	4
Fomos criados à Imagem de Deus	4
A queda de Adão e Eva teve efeitos devastadores para toda a humanidade	5
Exercícios De Fixação	13

PARTE II
FÉ EM DEUS

2. FÉ EM DEUS	17
A definição de "Fé" é:	18
Exercícios De Fixação	31

PARTE III
COMO POSSO NASCER DE NOVO?

3. COMO POSSO NASCER DE NOVO?	35
1. Você se torna um filho de Deus	41
2. Você recebe perdão dos seus pecados	41
3. A maldição sobre sua vida está quebrada	42
4. Você é retirado das Trevas e trazido para a Luz	42
5. Você é uma nova criatura	43
6. Você se une espiritualmente a Cristo	43
7. Você é batizado no Corpo de Cristo	43
8. Você se torna parte da família do Deus Altíssimo	43

PARTE IV
BATISMOS

4. BATISMOS	47
Batismo no Corpo de Cristo	47
O Batismo dos Crentes	48
Batismo no Espírito Santo	52
1. Os apóstolos	65
2. Novos Convertidos em Samaria	66
3. Saulo de Tarso (Apóstolo Paulo)	66
4. Cornélio e sua casa	67
5. Discípulos em Éfeso	68
Exercícios De Fixação	77

PARTE V
IMPOSIÇÃO DE MÃOS

5. IMPOSIÇÃO DE MÃOS	81
Exercícios De Fixação	89

PARTE VI
RESSURREIÇÃO DOS MORTOS

6. RESSURREIÇÃO DOS MORTOS	93
Exercícios De Fixação	99

PARTE VII
JUÍZO ETERNO

7. JUÍZO ETERNO	103
Exercícios De Fixação	109

PARTE VIII
CONCLUSÃO DOS SEIS PRINCÍPIOS FUNDAMENTAIS

8. CONCLUSÃO DOS SEIS PRINCÍPIOS FUNDAMENTAIS	113
Outros Livros De Autoria Do Dr. Hendrik J Vorster	115

AGRADECIMENTOS

Agradeço ao Senhor por uma equipa incrível de pessoal dedicado, sem o qual nada deste material seria possível. Quero agradecer especialmente à minha família e particularmente à minha esposa Ursula, pelo seu apoio inabalável e por me permitirem cumprir o apelo de Deus.

Obrigado a Gerhard e Lise Van Niekerk que dirige o nosso escritório sul-africano e gere o processo de ver que todo o material escrito é editado e formatado para publicação. Juntamente com as incansáveis horas de Florinda Daniel a formatar toda a tradução, eles supervisionam a impressão e distribuição de materiais para utilização em todo o mundo.

Quero agradecer a todos os nossos parceiros que acreditaram em mim o suficiente para apoiar e subscrever as numerosas traduções, a impressão dos recursos, a filmagem de todo o material, locução, pós-produção e distribuição. Obrigado.

Quero também expressar o meu mais profundo e querido apreço a todos os líderes que me permitiram testar o material no terreno e caminhar ao seu lado para ver as suas igrejas e movimentos crescer e expandir-se para o que são hoje. O privilégio tem sido meu.

Quero agradecer ao Senhor por me ter confiado este Chamado para equipar a Sua Igreja.

Dr Hendrik Vorster

SÉRIE DE FUNDAMENTOS DO DISCIPULADO
PASSO UM - O ENSINAMENTO FUNDAMENTAL DE CRISTO

Grande Comissão

Mateus 28:18-20 (KJA) "... *[19] Ide e fazei com que todos os povos da terra se tornem discípulos, batizando-os ..., [20] ensinando-os a obedecer a tudo quanto vos tenho ordenado. E ..., Eu estarei permanentemente convosco, até o fim dos tempos.*"

INTRODUÇÃO

A Fé Cristã é a respeito de pessoas colocando sua confiança em Jesus Cristo como seu Salvador e com a intenção de segui-Lo como seus primeiros discípulos fizeram. A Fé Cristã é sobre ser nascido de novo. É sobre confissão e receber perdão pelos pecados. É sobre se tornar um filho de Deus. É sobre se tornar parte da família de Deus, como seus filhos e filhas. É sobre se tornar um cidadão do Reino de Deus. Sobre ser restaurado, encontrar o propósito da vida e, em última instância, encontrar e cumprir o propósito de Deus.

Ser parte desse Reino de Deus requer que nos ajoelhemos e confessemos nossos pecados, aceitando a Jesus como nosso Salvador e Senhor. Este curso foi preparado para ajudar pessoas a entregarem suas vidas a Deus ou, para aqueles que se decidiram por Cristo, mas nunca lançaram raízes para que sua fé crescesse, para confirmar a fé deles em Jesus e finalmente vê-los se desenvolverem rumo à maturidade em Cristo. Em qualquer um dos dois casos, eu oro para que Deus use este material para te guiar a uma experiência enriquecedora: a de viver em comunhão com Deus e em Seu propósito.

Este curso foi erguido sobre a Bíblia

Este curso foi erguido sobre a Bíblia e, portanto, você encontrará muitas Escrituras nele. As Escrituras são parágrafos ou frases de vários livros Bíblicos. A Bíblia é uma compilação de 66 livros. A primeira parte da Bíblia é chamada de **"Velho Testamento"** e contém os escritos de diversos servos de Deus. O Velho Testamento nos ajuda a entender a Natureza de Deus, e também os princípios e o propósito de Deus para nossas vidas. O **Novo Testamento** contém a história da vinda de Jesus à terra, Seu ministério terreno, além de diversas cartas de alguns servos de Deus às Igrejas implantadas como um resultado da fé em Jesus. As últimas abrangem orientações incríveis para viver uma vida que honre a Deus. Em sua completude, a Bíblia serve como grande suprimento diário para encorajamento e orientação.

Você vai também ler muito sobre o Pai, o Filho e o Espírito Santo. O Espírito Santo é Alguém que tem um papel fundamental no seu crescimento e desenvolvimento. Ele vai te ajudar a entender a Bíblia. Ele vai destacar certos trechos aos seus olhos diariamente, e trazer orientação, direção, ânimo e esperança através deles.

Deus deseja estar em um relacionamento vivo com você!

Deus quer ter um relacionamento e falar com você. Ele fala conosco através da Bíblia e do Espírito Santo, - que fala em nosso interior - através de outras pessoas que nos trazem uma mensagem da parte Dele, ou enquanto oramos. Através deste curso você vai aprender a reconhecer a Voz de Deus. Nós crescemos em fé e somos alimentados quando lemos a Palavra, oramos e somos discipulados. Por agora, oração é você falando com Deus, sobre absolutamente qualquer coisa, em secreto. Este curso vai te auxiliar a desenvolver cada uma destas áreas.

Se você ainda não comprometeu sua vida com Cristo, eu oro para que o Espírito Santo te traga a percepção da sua necessidade de Deus. Oro para que Ele coloque um de seus filhos no seu caminho para mostrar Seu amor e cuidado por você.

João 3.16 (KJA), *"16 Porque Deus amou o mundo de tal maneira que deu o seu Filho Unigênito, para que todo aquele que nele crê não pereça, mas tenha a vida eterna."*

Jesus te ama e deseja ter um relacionamento profundo e significante com você. Ele quer que você faça parte da família. Você nasceu com um propósito. Oro para que você aproveite esta jornada rumo a um relacionamento com o Deus Vivo e ao encontro do seu propósito.

Visão Panorâmica da Jornada do Discipulado:

DISCIPULADO UM – OS ENSINAMENTOS FUNDAMENTAIS DE CRISTO

A primeira fase do Discipulado lida com a germinação da nossa semente da fé. Aqui trabalhamos com os fundamentos, ou aplicações elementares de colocar nossa fé em Jesus Cristo como Senhor, como descrito em Hebreus capítulo 6 versículos 1 e 2.

DISCIPULADO DOIS – ESTABELECENDO RAÍZES, VALORES E DISCIPLINAS

A segunda fase é sobre estabelecer **raízes**, através das quais nossa fé irá crescer e amadurecer. Incucar os Valores do Reino de Deus é o que desenvolve as raízes. Nós praticamos Disciplinas Espirituais para guardar e manter esses valores em nossas vidas.

DISCIPULADO TRÊS – DESENVOLVENDO DONS E TALENTOS

A terceira fase é o descobrimento e desenvolvimento de nossos dons espirituais. É o momento em que exercitamos os talentos ministeriais para cumprir o chamado de Deus, e nossas raízes continuam crescendo, fortes e saudáveis, para garantir que teremos frutos sadios e resistir às tentações do inimigo, e apascentar responsavelmente aqueles a quem conduzimos à fé em Jesus Cristo.

DISCIPULADO QUATRO – FRUTIFICAÇÃO

A quarta fase acontece quando começamos a dar frutos por praticar com consistência tudo o que aprendemos, tendo uma vida cheia de amor, que seja digna de ser seguida, e pastoreando aqueles que foram entregues ao nosso cuidado.

DISCIPULADO CINCO – MULTIPLICAÇÃO

É a fase em que nossos discípulos começam a se multiplicar através de seus próprios discípulos, por ajudá-los a colocarem em prática o que têm aprendido, e passarem isso adiante. Nós mostramos o modelo para eles quando vivemos uma vida de amor, que continua sendo digna de ser seguida, e os pastoreando rumo ao seu propósito.

Esboço da Jornada do Discipulado:

Esta jornada é composta por algumas fases. Você terá mais proveito da Jornada do Discipulado se seguir sistematicamente da Fase Um até a Fase Cinco. Esse curso leva pelo menos um ano para ser concluído, contudo, assim como acontece com as árvores, leva uma vida inteira para crescer e se tornar grandiosa. Ao alimentarmos nossas raízes com seiva diariamente, sendo firmemente fundamentados na Palavra, Oração e Comunhão, o crescimento será lento e estável.

Quando observamos mais de perto cada uma dessas cinco fases, nós comparamos esse processo com a Parábola do Semeador, onde nós vemos as quatro primeiras fases de crescimento e desenvolvimento serem delineadas, mas com uma ênfase na forma como nossos corações recebem a Palavra de Deus.

Essa Jornada do Discipulado é formulada para pessoas que desejam não apenas receber a Palavra com alegria, mas sim com o intuito de que ela cresça e se multiplique, até que haja uma enorme colheita. Eu oro para que ao longo deste curso você comprometa sua vida com Cristo ou, ao prosseguir pelas sessões, confirme sua decisão de recebê-Lo como seu Salvador e Senhor. Minha oração por você é para que a Palavra de Deus, semeada por este curso, não seja roubada por Satanás, mas sim germine, crie raízes e cresça até a maturidade, frutificação e multiplicação.

> *Marcos 4:20 (KJA), Mas estes são os que semearam em boa terra, os que ouvem a palavra, [a] a aceitam e dão fruto: uns trinta vezes, outros sessenta e outros cem".*

Eu oro para que você seja aquela pessoa no coração de quem a Palavra de Deus prospere, suporte as tribulações e perseguições e persevere diante das tentações traiçoeiras desse mundo, até que você finalmente se torne frutífero, ganhando almas e vendo-as se multiplicarem grandemente.

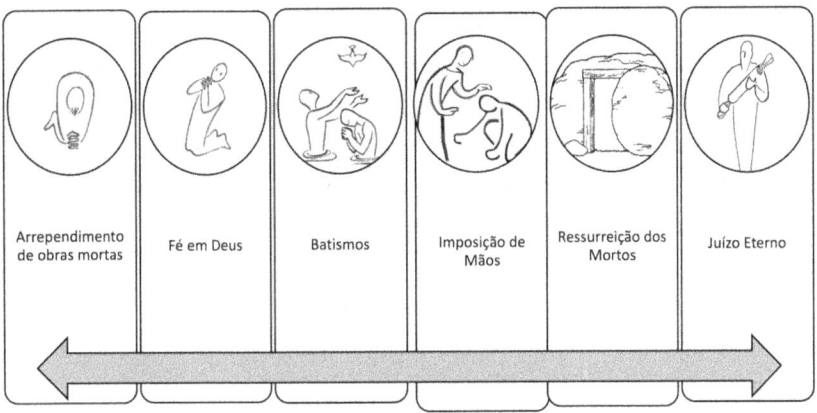

Diagrama de Visão Geral da Salvação

Passo Um – Salvação

João 3:3 KJA *"Jesus respondeu... se alguém não nascer de novo, não pode ver o reino de Deus."*

A fase um explora os fundamentos para permitir que a incorruptível semente da Palavra de Deus crie raiz em nossas vidas, para que possamos crer e sermos salvos. O autor aos Hebreus destaca os seis princípios fundamentais para seguir a Cristo.

Six Foundational Principles

The writer to the Hebrews outlines the six foundational principles in following Christ.

> **Hebreus 6.1-2 (KJA)**, *"Sendo assim, considerando conhecidos os ensinos básicos a respeito de Cristo, prossigamos rumo à maturidade, sem lançar novamente o **fundamento do arrependimento de atitudes inúteis e que conduzem à morte; da fé em Deus,** [2] **da instrução acerca de batismos, da imposição de mãos,** da **ressurreição dos mortos e do juízo eterno**."*

Nesses dois versos encontramos os **princípios elementares da vida em Cristo**, o único alicerce sobre o qual é possível construir um relacionamento com Ele. Eles são:

1. Arrependimento das obras mortas,
2. Fé em Deus,
3. Batismos,
4. Imposição de Mãos,
5. Ressurreição dos Mortos e
6. Juízo Eterno.

Se edificamos nosso relacionamento sobre estes princípios fundamentais, e adicionarmos a eles as Disciplinas Espirituais, e o desenvolvimento de raízes boas e saudáveis, isso nos dará um crescimento tremendo, e veremos a semente de Deus produzir em nós abundantemente.

Ponto de Partida

O ponto de partida para seguir a Cristo é compreender o pecado e seu impacto em nosso bem-estar. Precisamos entender que precisamos de um Salvador, o que justifica Jesus ter morrido na Cruz do Calvário por nós. Nós podemos ser salvos e redimidos de nossos pecados, através de reconhecermos nossa pecaminosidade e de confessar e nos arrepender por nossos pecados, recebendo o perdão de Deus. O objetivo desse processo é termos nosso relacionamento com o Pai Celestial, o Filho e o Espírito Santo restaurado.

Como podemos ser "salvos"?

Ser "*SALVO*" requer que dois mundo se encontrem: **o mundo Divino** e **o humano**. Ser "*SALVO*" requer que a raça humana responda afirmativamente à obra de Deus: através da Obra Redentora de Cristo na Cruz do Calvário, pagando por nossos pecados, e pela convicção do Espírito Santo dentro de nós.

Ser "*SALVO*" é também o processo de ser "*nascido de novo*" para ser tornar "*um filho de Deus*".

Ser "SALVO" é ser convertido.

Partindo *de uma perspectiva humana*, esse processo de se tornar um filho de Deus é chamado de **"conversão"** e é a mudança de lado que acontece de forma voluntária na mente de *um pecador*, em um extremo está o pecado e no outro *Cristo*. Essa perspectiva humana não é resultado de uma iniciativa humana, mas sim uma resposta à obra do Espírito Santo dentro de nós. O ato *de abandonar nossos pecados é chamado de **arrependimento**,* e o *de se voltar para Cristo de **fé***.

Ser "Salvo" é ser "Regenerado"

De uma perspectiva Divina, esse processo é chamado de "Regeneração" e é o ato de Deus através do qual somos transformados em novas criaturas, recebemos um novo coração e um novo espírito. Esta ação de Deus ainda vai além, Ele remove nosso pecado, o muro que nos mantinha separados dele, e nos faz santos e puros como Ele mesmo é, nos declarando justos. É aí que somos *"nascidos de novo"*.

É um processo simultâneo!

Mesmo que esse processo de *"ser salvo"* seja explicado em várias partes, essa *"União com Cristo"*, através da regeneração e conversão, é um processo simultâneo. Um descreve o processo pela perspectiva Divina e o outro pelo ponto de vista humano

As primeiras duas partes que vamos explorar juntos lida especificamente com a "Conversão", e então na terceira parte concluímos qual é a "parte de Deus" em sermos "Regenerados". Parte 1 – arrependimento de obras mortas, descreve a "nossa parte", de abandonarmos o pecado, e a Parte 2 – Fé em Deus descreve a "nossa parte" de nos voltarmos para Deus em fé.

Sendo assim, vamos dar o primeiro passo nessa empolgante Jornada do Discipulado, observando a Parte 1 de 6 em Discipulado Um – Salvação.

PARTE I
ARREPENDIMENTO DO TRABALHO MORTO

1

ARREPENDIMENTO DAS OBRAS MORTAS

O ponto de partida para seguir a Cristo deveria ser o "<u>arrependimento</u>" das obras mortas. Muitos pensam que podem se aproximar de Deus praticando boas obras, mas só existe uma maneira de se aproximar de Deus, que é através da fé em Jesus Cristo.

O arrependimento marca "nossa parte" na Salvação.
A mensagem que Jesus pregou em seus dias para trazer as pessoas à fé teve principalmente o mesmo conteúdo da pregada por seu predecessor, João Batista: Arrependimento. O Arrependimento caracteriza a "**nossa parte**", respondendo à obra do Espírito Santo dentro de nós.
    "Arrependimento" soa como uma palavra pesada para alguém que está explorando a fé em Jesus. Por isso, permita que eu te conduza por uma Jornada para entender o valor dessa primeira parte rumo a ser tornar um filho de Deus.

O Princípio

Desde o principio Deus tinha um bom plano para o ser humano. O homem foi criado por Deus.

> **Gênesis 1.27 (KJA)**, *"Deus, portanto, criou os seres humanos à sua imagem, à imagem de Deus os criou: macho e fêmea os criou."*

> **João 4.24 (KJA)**, *"**Deus é espírito**, e é necessário que os seus adoradores o adorem em espírito e em verdade."*

> **1 Tessalonicenses 5.23 (KJA)**, *"Que o próprio Deus da paz vos santifique integralmente. Que todo o vosso **espírito, alma e corpo** sejam mantidos irrepreensíveis na vinda de nosso Senhor Jesus Cristo."*

Fomos criados à Imagem de Deus

Desde o Princípio, a intenção de Deus era que *fossemos como Ele e vivêssemos em comunhão com Ele*. Sabemos através da Bíblia que Deus é Espírito, e nós, portanto, somos seres espirituais. Vemos isso nesta Escritura, e em muitas outras, que somos seres espirituais. Somos seres espirituais que têm uma alma e vivem em corpos físicos.

> Scofield disse certa vez: *"Porque o homem é 'espírito', ele é capaz de ter consciência de Deus; e de comunhão com Deus; porque ele é uma "alma", ele tem autoconsciência; porque ele é um 'corpo', ele tem, através de seus sentidos, consciência do mundo."*

Essa "consciência de Deus" existe dentro de cada um de nós. Existe esse vazio ou morte espiritual que só podem ser preenchidos ou resolvidos quando "nascemos de novo". Todos nós temos uma "alma", que consiste em nossa mente, intelecto e emoções, e é nela que fazemos escolhas, algumas boas e outras ruins. Adão e Eva escolheram desobedecer a Deus e consequentemente o pecado e a morte passaram a todos nós.

A queda de Adão e Eva teve efeitos devastadores para toda a humanidade

Adão e Eva pecaram. Eles escolheram desobedecer a Deus no Jardim do Éden, e através de seus atos de desobediência o pecado e a morte vieram, assim como a separação da presença de Deus.

> 1 Coríntios 15.21-22 (KJA), *"Porque, assim como a morte veio por um homem, da mesma forma, por um homem veio a ressurreição dos mortos.[22] Porquanto, assim como em Adão todos morrem, em Cristo todos serão vivificados."*
>
> Romanos 5.12 (KJA), *"Concluindo, da mesma forma como o pecado ingressou no mundo por meio de um homem, e pelo pecado a morte, assim também a morte foi legada a todos os seres humanos, porquanto todos pecaram."*
>
> Efésios 2.1 (KJA), *"Ele vos concedeu a vida, estando vós mortos nas vossas transgressões e pecados,"*
>
> Efésios 2.4-5 (KJA), *"No entanto, Deus, que é rico em misericórdia, por meio do grande amor com que nos amou, [5] **deu-nos vida com Cristo**, estando nós ainda mortos em nossos pecados, portanto: pela graça sois salvos!"*

O pecado entrou no mundo e todos nós fomos afetados por ele. Algumas vezes, isso é chamado de imputação do pecado sobre a humanidade. **Por causa do pecado, nós nos tornamos espiritualmente mortos.** Por causa do pecado fomos separados de Deus. Somente com Jesus em nossas vidas podemos viver de novo.

O pecado nos separa de Deus

Desde o principio, quando Adão e Eva pecaram no Jardim do Éden, através da desobediência, o pecado foi passado à humanidade de geração em geração. De fato, a Bíblia afirma: *"Todos pecaram e destituídos estão da glória de Deus."*

> Isaías 59.2-3 (KJA), *"No entanto, são as vossas maldades que fazem separação entre vós e o vosso Deus. Os vossos pecados nublaram e esconderam de vós a face do SENHOR, e por isso ele não lhes dará ouvidos![3]Em verdade, as vossas mãos estão manchadas de sangue e os vossos dedos, de iniquidade e culpa; os vossos lábios falam mentiras e a vossa língua murmura palavras ímpias."*

> Romanos 5.12 (KJA), *"Concluindo, da mesma forma como o pecado ingressou no mundo por meio de um homem, e pelo pecado a morte, assim também a morte foi legada a todos os seres humanos, porquanto todos pecaram."*

> Romanos 3.10 (KJA), *"Como está escrito: "Não há nenhum justo, nem ao menos um;"*

Todos nós pecamos.

Todos nós pecamos e precisamos ser perdoados. O pecado tem um efeito devastador em nossas vidas. Se não nos arrependemos de nossos pecados, permanecemos mortos. O pecado nos separa de Deus. Ele nos cega.

> 2 Coríntios 4.3-4 (KJA), *"Contudo, se o nosso evangelho está encoberto, para os que estão perecendo é que está encoberto.[4] O deus, desta presente era perversa, cegou o entendimento dos descrentes, a fim de que não vejam a luz do Evangelho da glória de Cristo, que é a imagem de Deus."*

Isaías 53.6 (KJA), *"Em verdade **todos nós**, tal como ovelhas perdidas, **andamos errantes**; **cada ser humano tomou o seu próprio caminho;** e Yahweh fez cair sobre ele a iniquidade de todos nós."*

Romanos 3.23 (NVI), *"pois **todos pecaram** e estão destituídos da glória de Deus,"*

O que irá nos redimir do pecado?

O único preço redentor do pecado é o <u>sangue</u> de Cristo. No Velho Testamento as pessoas sacrificavam animais para redenção dos seus pecados. Jesus veio e pagou o preço por nossos pecados para que nós, ao colocarmos nossa fé Nele, recebamos perdão.

1 Pedro 1.18-19 (KJA), *"**Pois vocês sabem que não foi por meio de coisas perecíveis** como prata ou ouro que vocês foram redimidos da sua maneira vazia de viver, transmitida por seus antepassados,[19] **mas pelo precioso sangue de Cristo, como de um cordeiro sem mancha e sem defeito,"***

Precisamos de um Salvador!

Cristo é nosso <u>Salvador</u>. Só Ele pode tirar nosso pecado. Só Ele é o Caminho para que nossos pecados sejam removidos e nosso relacionamento com o Pai seja restaurado.

Lucas 2.11 (KJA), *"Hoje, na cidade de Davi, vos nasceu **o Salvador, que é o Messias, o Senhor!**"*

Mateus 1.21 (KJA), *"Ela dará à luz um filho, e lhe porás o nome de Jesus, porque **Ele salvará o seu povo dos seus pecados**".*

Atos 5.31 (KJA), *"Deus, no entanto, o exaltou, elevando-o à sua direita, como Príncipe e Salvador, a fim **de dar a Israel arrependimento e perdão de pecados."***

> Romanos 5.8 (KJA), "8 Porém, Deus comprova seu amor para conosco pelo fato de ter Cristo morrido em nosso benefício quando ainda andávamos no pecado."

Cristo morreu por nossos pecados.

Cristo mostrou seu amor por nós ao morrer *em nosso favor, para pagar pelo castigo do nosso pecado e para nos libertar do seu poder e da sua força.* Ele se tornou o Cordeiro que foi imolado pela redenção de nossas almas. Ele deu Sua vida para que nós, que merecemos a morte, vivamos.

A menos que tomemos uma decisão sincera de abandonar nossos pecados com arrependimento genuíno, não é possível haver uma mudança duradoura. Existem alguns princípios essenciais e inegociáveis para que a jornada do discipulado seja bem-sucedida, e esse com certeza é um deles. Só comece essa jornada se estiver disposto a deixar seus pecados e seguir a Cristo.

No dia de Pentecostes, Pedro se colocou de pé e pregou uma mensagem com ousadia, chamando todos a *"se arrependerem, serem batizados e aguardarem pelo dom do Espírito Santo."*

> Atos 2.37-38 (KJA), "Ao ouvirem tais palavras, ficaram agoniados em seu coração, e desejaram saber de Pedro e dos outros apóstolos: "Caros irmãos! O que devemos fazer?"[38] Orientou-lhes Pedro: "*Arrependei-vos e cada um de vós seja batizado* em o nome de Jesus Cristo para o perdão de vossos pecados; e recebereis o dom do Espírito Santo."

O que significa se arrepender?

Arrependimento significa que você mudou completamente a direção dos seus pensamentos e suas ações. Arrependimento é transformar sua mente e ações para que estejam em conformidade com a Vontade e o Propósito de Deus.

Definição: Arrependimento

O Dicionário Grego Vines define a palavra grega "metanóia", traduzida como arrependimento, assim:

"metanoeo (μετανοέω, G3340), lit. *'perceber depois'*, (meta, 'depois', implicando em *'mudança'*, noeo, *'perceber'*, nous, *a 'mente, o lugar da reflexão moral'*)."

> **Atos 2.38 (ACF),** *"E disse-lhes Pedro:* **Arrependei-vos,** (mude seus pontos de vista e propósito para aceitar a vontade de Deus em seu eu interior em vez de rejeitá-la) *e cada um de vós seja batizado em nome de Jesus Cristo, para perdão dos pecados; e recebereis o dom do Espírito Santo;"*

O que vemos aqui é que:

"O arrependimento é um lugar ao qual chegamos em nossas vidas com tristeza, *refletimos sobre nossas ações com* remorso, *e então nos* desviamos *de nossos pecados,* mudando *nosso curso, nossa visão e* aceitando *a vontade de Deus acima da nossa."*

A maneira pela qual expressamos essa "mudança de mente e coração" é que temos uma tristeza verdadeira por nossas ações, comportamento e pecados, e então fazemos a confissão.

> **2 Coríntios 7.9-11 (KJA),** *"Agora, no entanto, me alegro, não porque fostes contristados, mas porque o efeito da* **tristeza vos levou ao arrependimento.** *Porquanto, segundo a vontade de Deus é que fostes entristecidos, a fim de que não sofrêsseis prejuízo algum por nossa causa.[10]* **A tristeza, conforme o Senhor, não produz remorso,** *mas sim uma qualidade de arrependimento que conduz à salvação; porém, a tristeza do mundo traz a morte.[11] Pois vede o que esse constrangimento, segundo a vontade de Deus produziu em vós: que* **dedicação,** *mas igualmente que* **defesa própria,** *que* **indignação,** *que* **temor,** *que saudade, que*

> *preocupação, que anseio por ver a justiça estabelecida! Em todos os aspectos, provastes estar inocentes nessa questão."*

Consequentemente, podemos dizer que o arrependimento significa mais do que sentir muito pelo que foi feito, apesar da <u>tristeza</u> *sempre acompanhar o arrependimento verdadeiro. Arrependimento também significa que paramos de pecar,* deliberadamente. *A tristeza genuína te levará ao arrependimento, que te levará à salvação.*

> **Lucas 19.8-10 (KJA),** *"Então, Zaqueu tomou a palavra e comunicou a Jesus: 'Eis a metade dos meus bens Senhor, que estou doando aos pobres; e se de alguém extorqui alguma coisa, devolverei quatro vezes mais!'[9] Diante disso, Jesus declarou: 'Hoje, houve salvação nesta casa, pois este homem também é filho de Abraão. [10] Porquanto o Filho do homem veio buscar e salvar o que estava perdido'."*

O arrependimento exige uma mudança em nossa <u>conduta</u>, e ela deve ser visível através de começarmos a fazer corretamente, aquilo que fazíamos errado. Para Zaqueu isso significou restituir aquilo que ele havia tomado sob falso testemunho. *O fruto do arrependimento é uma vida transformada.*

Como nos arrependemos?

- **Nos arrependemos quando aceitamos a** <u>convicção</u> **do Espírito Santo dentro de nós.**

A Bíblia diz que o Espírito Santo é agora um princípio ativo atuando dentro de nós, para nos conduzir ao arrependimento. **O Espírito Santo nos convence do pecado.**

> **João 16.8-11 (KJA),** *"Quando, então, Ele vier, convencerá o mundo do seu pecado, da justiça e do juízo.[9] Do pecado, porque a humanidade não crê em mim;[10] da justiça, porque vou para o*

Pai e vós não me vereis mais;[11] e do juízo, porque o príncipe deste mundo já está condenado."

Eu oro para que você também encontre a convicção do Espírito Santo dentro do seu coração hoje, para abandonar sua vida do passado, seus pecados, e escolher viver em conformidade com a vontade de Deus.

- **Nós nos arrependemos quando <u>ouvimos</u> a Deus e paramos de endurecer nossos <u>corações</u>.**

Hebreus 4.7 (KJA), *"Hoje, se ouvirdes a sua voz, não endureçais o vosso coração".*

O arrependimento exige que respondamos afirmativamente à convicção que o Espírito Santo traz para dentro de nós. Precisamos declarar: *"Sim, Senhor, <u>eu pequei</u>. Eu tenho feito as coisas do meu jeito e não do seu."* Dê tempo para que esta convicção opere dentro de você. Confesse seus pecados!

- **Nos arrependemos quando fazemos confissão dos <u>nossos pecados</u>**

Nós temos a garantia de que quando confessamos nossos pecados, que Ele perdoa nossos pecados e nos purifica.

1 João 1.9 (KJA), *"9 Se confessarmos os nossos pecados, Ele é fiel e justo para nos perdoar todos os pecados e nos purificar de qualquer injustiça."*

Eu te encorajo a ir para um lugar tranquilo e escrever seus pecados, áreas nas quais você pode ter pecado ou feito as coisas do seu jeito, e não do jeito de Deus, e então fazer confissão dessas coisas, se arrepender delas, e pedir o perdão de Deus. A meticulosidade com a qual você faz isso, te fará bem e produzirá grande transformação em seu interior. Pode ser que você se sinta leve, como se um peso tivesse saído dos seus ombros. O alívio será tangível. O pecado nos puxa pra baixo.

Se você sente que Deus está te trazendo ao arrependimento, não resista à ação dele. Mesmo que se sinta vencido pelas emoções e sinta remorso pelas coisas que fez e a vida que viveu, não deixe isso te perturbar ou chatear, essa é a obra do Espírito Santo. Na maioria dos casos essa tristeza traz um arrependimento que nos leva a um lugar de completa rendição ao Senhorio de Jesus.

Se você verdadeiramente confessou e se arrependeu dos seus pecados, então agradeça a Deus pelo Seu perdão. A próxima parte é extremamente importante! Ela acontece **ao mesmo tempo** que a primeira, colocar sua fé em Jesus como seu Salvador.

EXERCÍCIOS DE FIXAÇÃO
ARREPENDIMENTO DE OBRAS MORTAS

1. Qual Escritura teve o maior impacto em sua decisão hoje? _____

    Por que? _____
    _____
    _____

2. Como você "se arrepende"? *<u>Arrependimento é um lugar a que chegamos em nossas vidas, onde olhamos para nossas vidas com tristeza, refletimos sobre nossas ações com remorso, e então nos afastamos de nossos pecados, mudamos nosso curso, nossos pontos de vista e aceitamos a Vontade de Deus sobre a nossa.</u>*

3. Como você sabe que alguém "se arrependeu" de verdade? *O arrependimento requer uma mudança em nossa <u>conduta</u>, e isso deve ser visível na correção do que fizemos de errado.*

4. Anote Atos 2.38 _____
    _____
    _____
    _____

5. Como você descreveria a importância das seguintes coisas no arrependimento:

Tristeza - _____
_____
_____

Restituição _____
_____
_____

Confissão _____
_____
_____

ORAÇÃO

Eu quero orar por você.

"Pai Celestial, eu Te agradeço por ter morrido na cruz por nossos pecados, e porque através do arrependimento, o Senhor nos oferece perdão. Sua Graça e Seu Amor são incomparáveis! Obrigado por salvar meu novo irmão ou irmã. Obrigado por podermos ser parte da Sua família. Amém!"

PARTE II
FÉ EM DEUS

2
FÉ EM DEUS

A segunda parte de ser nascido de novo é *"colocar sua fé em Deus"*. Jesus explicou a Nicodemus que ele precisava *"nascer de novo"* para entrar no Reino de Deus. A menos que uma pessoa se *arrependa*, coloque sua *fé em Deus* e *aceite a Cristo como seu Senhor* e Salvador, não pode haver conversão ou regeneração.

Cristo descreve esta experiência de conversão como ser "<u>*nascido de novo*</u>". Ser nascido de novo marca o começo da nossa jornada do discipulado. Isso não é possível até que tenhamos aceitado a obra redentora de Cristo na cruz, e nos rendido ao seu Senhorio sobre nossas vidas.

> *João 3.3-5 (KJA)*: "Jesus respondeu-lhe, declarando: 'Em verdade, em verdade te asseguro que, **se alguém não nascer de novo, não pode ver o reino de Deus.**'[4] Nicodemos questionou-o: 'Como pode um homem nascer, sendo velho? Pode, todavia, entrar pela segunda vez no ventre de sua mãe e nascer novamente?' [5] Arrazoou Jesus: 'Em verdade, em verdade te asseguro: **quem não**

nascer da água e do Espírito não pode entrar no reino de Deus.'"

Ser "**nascido de novo**" requer de nós que nos "arrependamos" de nossos pecados, nos rendamos à convicção do Espírito Santo dentro de nós, E, coloquemos nossa fé em Jesus Cristo.

As pessoas colocam sua fé em muitas coisas. Colocam-na em si mesmos (**humanismo**), em bens materiais (**materialismo**), tradições – especialmente àquelas dos seus antepassados (**tradicionalismo**), religião (**farisaísmo**), e muitas outras coisas ou pessoas, exceto Deus. Elas pensam que sua segurança e estabilidade dependem dessas coisas, e não de Deus. **Para que haja conversão e regeneração verdadeiras em nossas vidas, precisamos também nos ajoelhar ao Senhorio de Cristo, e fazê-Lo o Senhor das nossas vidas.** Precisamos colocar nossa fé Nele.

Como eu coloco minha fé em Jesus Cristo?

A língua portuguesa tem duas palavras para descrever o mesmo principio: um substantivo, FÉ, e um verbo, ACREDITAR.

A definição de "Fé" é:

> "Fé é a convicção ou confiança em uma pessoa ou coisa; ou a observância de uma obrigação de lealdade ou fidelidade a uma pessoa promessa, compromisso. A palavra 'fé' também pode se referir a um sistema particular de crença religiosa, no qual a fé pode equivaler à convicção baseada na percepção de algum nível de garantia."

Podemos concluir que ter fé é acreditar.

O que nós acreditamos ser verdade sobre Jesus Cristo, para que tenhamos fé Nele?

- Nós acreditamos que Jesus é o Filho de Deus.

A primeira coisa que precisamos levar em conta ao colocar nossa fé em Deus, é em Quem estamos colocando nossa fé. Jesus está no centro desta jornada.

Jesus é um homem que viveu há 2000 anos atrás

Jesus é um homem que viveu há cerca de 2000 anos atrás no lugar que hoje conhecemos como Israel. Muitos historiadores romanos escreveram sobre Ele e Sua vida durante seu tempo terreno entre os homens. Alguns desses são Tacitus e Suetonius. Ele não é uma figura mística que talvez tenha existido. Ele era uma pessoa real, com sentimentos, emoções e teve tentações e desafios como todos nós.

Um historiador judeu, Josefo, também escreveu sobre o impacto da vida e do ministério de Jesus enquanto esteve aqui na terra. Os relatos desses historiadores são aceitos como válidos, já que foram encontradas várias cópias coerentes, que juntas validam a Bíblia como uma fonte respeitável de informação. A consistência nas cópias dos manuscritos valida seu conteúdo.

De acordo com Nicky Gumble, numa tabela comparativa, a validade e respeitabilidade dos Escritos do Novo Testamento e relatos podem, e devem, ser sustentadas para provar a existência da Pessoa de Jesus Cristo. Então eu quero usar essas Escrituras e relatos, de vários escritores, para te contar sobre Jesus e como é tão incrível o que Ele fez por nós, que devemos colocar nossa fé Nele.

Jesus é o Filho de Deus

O apóstolo Mateus registra uma aparição de um anjo a José, quando ele ficou sabendo que sua noiva estava grávida e buscava opções para terminar seu compromisso com ela de maneira discreta. Ali o anjo deixou bem claro que ela estava grávida por obra do Espírito Santo, algo maravilhoso demais para que possamos compreender, e confirmou que Maria estava gerando "Emanuel – que quer dizer: Deus conosco."

> Mateus 1.23 (KJA), "'Eis que **a virgem** conceberá e **dará à luz um filho**, e Ele será chamado de **Emanuel**', que significa '**Deus conosco**'".

O apóstolo Pedro nos dá alguns relatos onde eles ouviram uma voz vinda dos Céus dizendo que Jesus era Filho de Deus. O primeiro foi quando Ele foi batizado, e o segundo quando Ele estava no monte com Pedro, João e Tiago.

> Mateus 3.17 (KJA), "Em seguida, uma voz dos céus disse: 'Este é meu <u>Filho</u> amado, em quem muito me agrado'".

Certa vez Jesus perguntou aos seus discípulos quem as pessoas diziam que Ele era. O apóstolo Pedro declarou, e está registrado em Mateus, que Ele é "o Cristo, o Filho do Deus Vivo".

> Mateus 16.15-16 (KJA), "Então Jesus interpelou: 'Mas vós, quem dizeis que Eu sou?'[16] E, Simão Pedro respondeu: 'Tu és o Cristo, **o Filho** do Deus vivo'".

Em outra ocasião, Jesus subiu um monte com Pedro, João e Tiago, e uma nuvem brilhante os cobriu, e eles viram Jesus transfigurado, e ao seu lado estavam Moisés e Elias. Ali também eles **ouviram uma voz vindo dos Céus** e afirmando que Jesus era Filho de Deus.

> Mateus 17.5 (KJA), "Enquanto ele ainda estava falando, uma nuvem resplandecente os envolveu, e dela emanou uma voz dizendo: '*Este é o meu Filho amado em quem me regozijo: a Ele atendei!*'"

Quando as pessoas perguntaram a Jesus se Ele era o Filho de

Deus, Ele respondeu afirmativamente. Seria uma grande blasfêmia mentir a respeito disso.

> **Mateus 26.63-64 (KJA)**, "Mas Jesus manteve-se em silêncio. Diante do que o sumo sacerdote lhe intimou: 'Eu te coloco sob juramento diante do Deus vivo e exijo que nos ***digas se tu és o Cristo, o Filho de Deus!***' [64] 'Tu mesmo o declaraste', afirmou-lhe Jesus. 'Contudo, Eu revelo a todos vós: Chegará o dia em que vereis o Filho do homem assentado à direita do Todo-Poderoso, vindo sobre as nuvens do céu!'"

Podemos concluir que Ele é o **Filho de Deus**.

- **Acreditamos que Ele <u>morreu</u> na Cruz do Calvário por nossos pecados.**

O que Jesus fez na terra?

Ao longo do Novo Testamento, especialmente nos primeiros livros, chamados de Evangelhos, nós aprendemos que Jesus veio para *"tirar o pecado do mundo"*. Seu desígnio terreno foi declarado desde o início.

> **Mateus 1.21 (KJA)**, "Ela dará à luz um filho, e lhe porás o *nome de Jesus*, porque **Ele salvará o seu povo dos seus pecados**".

O Apóstolo João relata que Deus enviou Seu Filho para morrer por nós.

> **João 3.16 (KJA)**, "*Porque Deus amou o mundo de tal maneira que deu o seu Filho Unigênito*, para que todo aquele que nele crê <u>não pereça</u>, mas tenha a vida eterna."

Por que o pecado é um problema tão grande?

O pecado nos separa de Deus.

Como vimos na sessão passada, o pecado é um problema inerente que nos mantém afastados de Deus.

> **Isaías 59.2-3 (KJA)**, "No entanto, são as *vossas maldades que fazem <u>separação</u> entre vós e o vosso Deus. Os vossos <u>pecados</u> nublaram e esconderam de vós a face do SENHOR*, e por isso ele não lhes dará ouvidos! [3] Em verdade, as vossas mãos estão manchadas de sangue e os vossos dedos, de iniquidade e culpa; os vossos lábios falam mentiras e a vossa língua murmura palavras ímpias."

O pecado está dentro de nós.

O Evangelho segundo Marcos diz que este **pecado está dentro de nós**.

> **Marcos 7.21-23 (KJA)**, "Pois é *de dentro do <u>coração</u> dos homens que procedem aos maus* pensamentos, as imoralidades sexuais, os furtos, os homicídios, os adultérios,[22] as ambições desmedidas, as maldades, o engano, a devassidão, a inveja, a difamação, a arrogância e a insensatez. [23] *Ora, todos esses males procedem do <u>interior</u>, contaminam a pessoa humana e a tornam impura.*"

Cristo morreu por nossos pecados

Cristo morreu por nossos pecados, e através de Sua morte e do preço que Ele pagou, nos libertou do poder que o pecado tinha sobre nós.

> 1 Pedro 2.24 (KJA), "Ele *levou pessoalmente todos os nossos pecados em seu próprio corpo sobre o madeiro*, a fim de que morrêssemos para os pecados e, então, pudéssemos viver para a justiça; por intermédio das suas feridas fostes curados."

> Gálatas 3.13 (KJA), "Foi *Cristo quem nos redimiu da maldição da Lei quando, a si próprio se tornou maldição em nosso lugar*, pois como está escrito: 'Maldito todo aquele que for pendurado num madeiro'".

<u>Somente Cristo</u> pode destruir a fortaleza do pecado, pagando o preço pelo pecado, e nos redimindo. Agora podemos ser reconciliados com o Pai através desse sacrifício, que revela Seu amor por nós, morrendo numa Cruz.

> 2 Coríntios 5.21 (KJA), "*Deus fez daquele que não tinha pecado algum a oferta por todos os nossos pecados*, a fim de que nele nos tornássemos justiça de Deus."

> 2 Coríntios 5.18 (KJA), "Tudo isso provém de Deus, *que nos reconciliou consigo mesmo por intermédio de Cristo* e nos outorgou o ministério da reconciliação."

Só Uma Pessoa pode te libertar dos seus pecados. Seu Nome é Jesus. Coloque sua fé Nele. Ele pagou o preço com Sua própria vida e derramou Seu sangue pelo perdão dos nossos pecados.

- Nós acreditamos que Ele <u>ressuscitou</u> dos mortos e está <u>vivo</u> e assentado à <u>direita</u> de Deus o Pai.

Antes de morrer na cruz, Jesus declarou aos seus discípulos que levantaria dos mortos. Essa foi uma mensagem incrível, e profundamente confrontadora para uma sociedade que vivia como se esta vida fosse tudo o que existisse. Ele falou de ressurreição e vida eterna. A fé em Jesus é sobre crer na vida eterna, mas essa vida só é possível porque Ele ressurgiu de dentre os mortos.

> **Romanos 14.9 (KJA)**, "Porquanto foi por este motivo que *Cristo morreu e voltou a viver*, para ser Senhor tanto de vivos quanto de mortos."

Claro que existem algumas teorias que tentam distorcer essa declaração de que Jesus se levantou dos mortos. No entanto, vou te mostrar aquilo no que acreditamos.

Ele morreu?

Ele não foi apenas trasladado ou transfigurado como Enoque ou Elias. Não, Ele sofreu uma morte terrível e dolorosa na Cruz do Calvário. Ele morreu e levantou dos mortos, com pleno conhecimento de muitos, como registrado em alguns documentos históricos de Josefo:

> *"(Josefo: Os Escritos de Flavius Josefo) Agora, houve recentemente Jesus, um homem sábio, se é que podemos chamá-lo de homem, porque ele fez obras maravilhosas, - um mestre de tantos homens quantos receberam a verdade com alegria. Ele atraiu para si muitos dos judeus e muitos dos gentios. Ele era [O] Cristo; (64) e quando **Pilatos**, pela sugestão dos homens mais respeitáveis entre nós, **O condenou à cruz**, aqueles que O amaram desde o inicio não O abandonaram, e **Ele reapareceu para eles no terceiro dia, como os profetas de Deus já haviam dito que aconteceria, assim como outras dez mil coisas maravilhosas a respeito Dele**; e o grupo de cristãos, chamados assim por causa Dele, não está extinto ainda hoje."*

Podemos concluir com absoluta certeza que Ele morreu. Vamos observar algumas passagens da Bíblia.

Primeiramente, o apóstolo João relata que *um* dos *soldados perfurou o lado de Jesus com uma lança,* e *viu sair água e sangue* de seu corpo, indicando que Ele já estava morto.

> João 19.34-35 (NVI), "Contudo, *um* dos *soldados perfurou o lado de Jesus com uma lança, e imediatamente brotou sangue e água.* [35] E *aquele que a isso presenciou, disso deu seu testemunho; e o seu depoimento é verdadeiro. Pois ele está consciente de que está relatando a verdade para que também vós creiais.*"

Podemos ter certeza de que os soldados romanos iriam se garantir que Jesus havia morrido na cruz à qual havia sido condenado. Ele definitivamente morreu. Eles queriam que aquele "revolucionário" saísse do caminho, mas maior do que seu desejo de vê-Lo morto, era o desejo da "Instituição Religioso", ou seja, os principais sacerdotes, o Conselho de Anciãos e os mestres da Lei, que seguiram a procissão para terem certeza de que Ele havia morrido naquela cruz.

Em segundo lugar, temos o relato de *Pilatos enviando soldados para* <u>*selar*</u> *e* <u>*proteger*</u> *a tumba.* Depois de morto, Ele foi enterrado em um sepulcro novo em uma tumba. Os principais sacerdotes e fariseus não apenas queriam que Jesus morresse, mas queriam garantir que Ele continuasse na sepultura. Uma vez que eles testemunharam a morte de Cristo, foram até Pilatos e pediram que a tumba fosse selada.

> **Mateus 27.62-66 (KJA)**, "No dia seguinte, isto é, no sábado, reuniram-se os principais sacerdotes e os fariseus e foram até Pilatos e argumentaram:[63] 'Senhor, recordamo-nos de que aquele enganador, enquanto vivia, prometeu: 'Passados três dias ressuscitarei'. [64] Manda, portanto, que o sepulcro dele seja guardado até o terceiro dia, para que não venham seus discípulos e, raptando o corpo, proclamem ao povo que ele ressuscitou dentre os mortos. E esta derradeira fraude cause mais dano do que a primeira'.[65] Ao que *ordenou Pilatos: 'Levai convosco um destacamento! Ide e guardai o sepulcro como melhor vos parecer'.[66] Seguindo eles, organizaram*

> um sistema de segurança ao redor do sepulcro. E além de manterem um destacamento em plena vigilância, lacraram a pedra."

Podemos ter certeza de que tanto os Fariseus e principais sacerdotes quanto a guarda romana não queriam que Jesus ressuscitasse. Quanto trabalho para manter uma pessoa morta na sepultura. Ainda assim, mesmo com toda a segurança e proteção do sepulcro, Jesus se levantou de lá.

Em terceiro lugar, sabemos que *quando Maria veio visitar o sepulcro, no primeiro dia da semana,* **ela viu que a pedra havia sido <u>removida</u> e a tumba estava <u>vazia</u>**.

> Mateus 28.1-4 (KJA), "endo passado o sábado, ao raiar do primeiro dia da semana, Maria Madalena e a outra Maria foram visitar o túmulo.[2] E eis que aconteceu um forte terremoto, pois **um anjo do Senhor desceu dos céus e, chegando ao túmulo, rolou a pedra da entrada** e assentou-se sobre ela. [3] O anjo tinha o aspecto de um relâmpago, e suas vestes eram alvas como a neve. [4] Os *guardas foram tomados de grande pavor e ficaram paralisados de medo, como mortos.*"

Aqui, mais uma vez, vemos a presença dos guardas romanos, mas eles estavam apavorados com o que tinha acontecido, já que um Anjo de Deus veio abrir o sepulcro. Os guardas ficaram abalados pelo que viram. O Anjo tinha a seguinte mensagem para eles e para as duas Marias:

> Mateus 28.6 (KJA), "Mas *aqui Ele não está. Foi ressuscitado, como havia dito.* Vinde e vede vós onde Ele jazia."

Talvez alguém queira argumentar que este foi o relato de alguns soldados exaustos, que de tão cansados, começaram a ter alucinações. Mas a narrativa da ressurreição não termina aí.

Em quarto lugar, vemos que Jesus apareceu a muitas pessoas em diferentes ocasiões.

Ele apareceu para as Marias, para Pedro, para os Discípulos, para 500 pessoas em outro lugar, em um período de seis semanas, Ele apareceu cerca de dez vezes para pessoas e em lugares diferentes.

Então, é claro que temos a experiência de um Deus vivo vivendo dentro de nós. Jesus se levantou dos mortos, apesar de toda a precaução dos guardas romanos, da objeção dos principais sacerdotes, e até da surpresa que acometeu os discípulos.

Coloque sua fé em Jesus Cristo, porque Ele está vivo e quer ser seu Salvador. Nós servimos ao Deus Vivo, que dá vida a todos os que colocam sua fé Nele.

- **Acreditamos que o perdão dos nossos pecados é encontrado no Senhor Jesus Cristo.**

A capacidade e o constante desejo de perdoar é um dos atributos mais valiosos para se considerar em qualquer pessoa, quanto mais em Alguém que traz perdão para nossas vidas quando pecamos, numa extensão tão grande que experimentamos uma libertação verdadeira da culpa e condenação? Somente em Jesus Cristo encontramos tal perdão dos pecados. Colocar nossa fé em Jesus, é crer que Ele perdoa todos os nossos pecados, e nos redime através do Seu sangue.

> Efésios 1.7 (NVI), *"Nele temos a redenção por meio de seu sangue, o perdão dos pecados, de acordo com as riquezas da graça de Deus,"*

> Atos 13.38 (NVI), *"Portanto, meus irmãos, quero que saibam que mediante Jesus lhes é proclamado o perdão dos pecados."*

Nós acreditamos que se confessarmos nossos pecados, então Ele nos perdoará e removerá nossos pecados. Essa é uma promessa maravilhosa: que pela confissão dos nossos pecados, Deus nos perdoa. A confissão dos pecados requer que sejamos honestos com Deus e com nós mesmos.

- **Nós passamos a <u>crer</u> quando colocamos nossa <u>confiança</u> em Cristo, como nosso Senhor e Salvador.**

Acreditar é essencial, mas o essencial ao qual me refiro significa confiar Nele como nosso Mestre.

Bobby Harrington e Josh Patrick, em seu livro *"O Manual de quem faz Discípulos"* conta uma história de **Charles Blondin**, um equilibrista, que em meados de 1800 se tornou o primeiro homem a atravessar as Cataratas do Niágara sobre uma corda bamba feita de linho. A história conta que ele teria caminhado uma vez, sob o olhar atento de uma multidão de cerca de 100.000 pessoas. Ele atravessou uma segunda fez, usando uma cadeira, sobre a qual ele ficou de pé na metade da travessia. Aqueles que o viram fazer isso, ficaram extasiados. Então ele voltou pela terceira vez, e fez uma omelete quando chegou no meio da corda, para depois seguir em frente e pedir aos seus auxiliares que abaixassem a corda, a fim de que ele desse a omelete a um passageiro do *"Maid of the Mist"* (um barco que levava turistas para verem de perto as cachoeiras abaixo). Ele atravessou uma quarta vez com um carrinho de mão. A multidão não podia estar mais impressionada. Então, ele perguntou a eles: "Vocês acreditam que eu consigo atravessar as Cataratas do Niágara em uma corda bamba de novo?" A resposta ressonante da multidão era afirmativa. "Sim, é claro que acreditamos que você consegue." "Bem, nesse caso" ele disse, "quem vai entrar no carrinho de mão e me deixar empurrá-lo?" Ninguém deu um passo à frente, exceto por um homem, Harry Colcord, um homem que já havia trabalhado com ele antes. Ele não apenas acreditava que Charles podia fazer aquilo, mas confiou nele o suficiente para subir no carrinho de mão, e ser empurrado através da corda bamba. Mais uma vez, a travessia foi bem-sucedida. É isso que colocar sua fé em Deus requer.

Muitos dizem acreditar em Jesus, mas nem todos estão dispostos a confiar Nele com suas vidas. Crer em Jesus exige que entremos no carrinho de mão, e confiemos de todo coração. Uma das maiores bênçãos que existe é sabermos que Ele está no controle das nossas vidas, não somos apenas salvos, mas nosso futuro está salvo e seguro.

Temos um lindo exemplo em Atos 16, quando Paulo e Silas estão na prisão. Deus enviou um terremoto e as correntes de todos os prisioneiros caíram, e todos portões da prisão se abriram. O carcereiro ficou tão apavorado que quis tirar a própria vida. Os apóstolos Paulo e Silas o impediram de se matar e compartilharam as Boas Novas de Cristo com ele. Ele e sua casa aceitaram Jesus em suas vidas. Eles creram e foram batizados.

> **Atos 16.30-31, 33b, 34c (KJA)**, "Em seguida, conduzindo-os para fora, rogou-lhes: 'Senhores, o **que preciso fazer para ser salvo?**' [31] Eles, prontamente lhe afirmaram: '<u>Crê</u> no **Senhor Jesus, e assim serás salvo**, tu e os de tua casa!' [33b] e **logo foi batizado, ele e todas as pessoas** de sua casa.[34c] e, com todos os seus, expressava grande júbilo, por haverem **crido em Deus**."

O carcereiro fez a pergunta que estamos explorando agora: *"O que devo fazer para ser salvo?"* A resposta veio imediatamente: **"Creia no Senhor Jesus Cristo, e você será salvo."** A mensagem continua a mesma hoje: **"Creia no Senhor Jesus Cristo, e você será salvo."** Eu te encorajo a acreditar no Senhor Jesus com todo o seu coração, e você também será salvo.

Em outra ocasião, Felipe foi chamado para ir a certa estrada, e foi ali que ele conheceu um eunuco etíope, com quem compartilhou a Palavra. A conclusão de sua jornada pelas Escrituras, foi que Felipe fez um "apelo". Ele garantiu que o eunuco havia crido em Jesus Cristo. Depois de confessar sua fé, eles pararam e o rapaz foi batizado.

> **Atos 8.37 (KJA)**, *"Ao que Filipe orientou-lhe: '****Tu podes, se crês de todo o teu coração****'. Em seguida, declarou-lhe o eunuco: '****Creio que Jesus Cristo é o Filho de Deus!****'"*

O mesmo é verdade para nós hoje: se cremos que Jesus é o Filho de Deus, que Ele morreu por nossos pecados, e que Ele irá nos salvar e perdoar nossos pecados, então nós também podemos ser salvos. É interessante que Deus acrescentou à Igreja aqueles que haviam de ser salvos.

Como mencionamos antes: **"Creia no Senhor Jesus Cristo, e você será salvo."** Quando cremos em Jesus, colocamos nossa fé Nele. Acreditamos de todo coração e por isso confessamos com nossos lábios. Colocar nossa fé em Deus requer tanto a crença no coração quando a confissão da boca. Isso é o que a Palavra de Deus nos ensina em Romanos 10.9:

> **Romanos 10.9 (KJA)**, *"Se, com tua boca, <u>confessares</u> que Jesus é Senhor, e <u>credes</u> em teu coração que Deus o ressuscitou dentre os mortos, serás <u>salvo</u>!"*

> **Hebreus 11.6 (KJA)**, *"Em verdade, sem fé é impossível agradar a Deus; portanto, para qualquer pessoa que dele se aproxima é indispensável crer que Ele é real e que recompensa todos quantos se consagram a Ele."*

Talvez você nunca tenha confessado com sua boca que Jesus Cristo é seu Senhor. Use essa oportunidade para dizer ao Senhor Jesus: *"Jesus Cristo, eu quero que seja Senhor sobre a minha vida. Jesus Cristo, eu creio em Ti."*

EXERCÍCIOS DE FIXAÇÃO
FÉ EM DEUS

1. Complete a frase: Ser *"nascido de novo" requer que nos <u>arrependa</u> de nossos pecados, nos <u>rendamos</u> à convicção do Espírito Santo dentro de nós, E, coloquemos nossa <u>fé</u> em Jesus Cristo.*

2. A definição de "Fé" é: *Fé é a convicção ou confiança em <u>uma pessoa</u> ou coisa; ou a observância de uma obrigação de <u>lealdade</u> ou fidelidade a uma <u>pessoa</u> promessa, compromisso.*

3. Complete a frase: *Jesus é o <u>Filho</u> de Deus*

4. Complete a frase: Acreditamos que Ele **morreu** na Cruz do Calvário por nossos pecados.

5. Complete a frase: Acreditamos que Ele <u>ressuscitou</u> dos mortos e está <u>vivo</u> e assentado à <u>direita</u> de Deus o Pai.

6. Como sabemos que Cristo morreu?

    1. <u>Os soldados perfurou Jesus com uma lança.</u>
    2. <u>Sangue e água saíram pelo seu lado.</u>

3. *Pilatos selar a tumba, e colocou soldados na tumba por três dias.*

7. Como sabemos que Cristo ressuscitou?

   1. *Maria viu que a pedra havia sido removida, e a tumba estava vazia.*
   2. *Os soldados viram um anjo descer e rolar a pedra.*
   3. *Jesus apareceu para 500 pessoas, para os doze discípulos e para discípulos que seguiam para Emaús.*

8. Complete a frase: Nós acreditamos que o <u>perdão</u> dos nossos <u>pecados</u> só pode ser encontrado em Jesus.

9. Complete a frase: Nós <u>acreditamos</u> quando colocamos nossa <u>confiança</u> em Jesus, como nosso Senhor e Salvador.

10. O que devo fazer para ser salvo? Complete a frase: "<u>crê</u> no Senhor Jesus Cristo, e você será <u>salvo</u>."

11. Complete a frase: "Se confessar o Senhor Jesus Cristo com sua <u>boca</u> e crer em seu <u>coração</u> que Deus o ressuscitou de dentre os <u>mortos</u>, você será <u>salvo</u>."

12. Existem dois aspectos da Salvação, um da perspectiva <u>humana</u> e um da perspectiva <u>divina</u>.

PARTE III
COMO POSSO NASCER DE NOVO?

3

COMO POSSO NASCER DE NOVO?

Para concluir as duas primeiras partes de ser salvo, é bom relembrar que há uma combinação entre Deus trabalhando dentro de nós e nós respondendo à sua Graciosa interação conosco.

Vamos então agora nos concentrar na parte mais importante de sermos salvos, "nascer de novo". O aspecto mais importante é a parcela Divina, que descreve a ação de Deus em nós.

As Duas partes da Salvação

1. A parcela <u>Divina</u> na Salvação

Deus nos chamando das trevas para um relacionamento com Seu Filho, Jesus Cristo, é o que representa a parcela Divina dessa obra maravilhosa chamada "novo nascimento". Ele nos chama ao arrependimento de nossos pecados através da convicção trazida ao nosso interior pelo Espírito Santo. A parcela Divina se prolonga até que, com nossa entrega e submissão, ao pedirmos a Ele que seja nosso Senhor e nos dê Seu Perdão, Ele nos torna novas criaturas. Ele restaura nossas vidas. Ele nos perdoa; Ele nos limpa e purifica e nos transforma em um de Seus filhos. A parcela Divina é maravilhosa. Nós verdadeiramente "nascemos de novo".

> **2 Coríntios 5.17 (KJA),** *"Portanto, se alguém está em Cristo, é nova criação; as coisas antigas já passaram, eis **que tudo se fez novo!**"*

Essa Escritura confirma que quando somos "nascidos de novo", tudo se faz novo. Ele nos faz novas criaturas. Ele faz com que as coisas antigas passem, e nos dá um começo novo em folha. Existe uma passagem do Velho Testamento que descreve essa verdade dizendo que Deus nos dará um novo coração e um novo espírito. Eu oro para que esta seja a sua experiência, e que Ele crie em você um novo coração e restaure um espírito reto em seu interior.

> **Ezequiel 36.26 (KJA),** *"26 E vos darei um novo coração e derramarei um espírito novo dentro de cada um de vós; arrancarei de vós o coração de pedra e vos abençoarei com um coração de carne."*

Que seu coração de pedra seja removido e você receba um coração de carne. Tudo isso faz parte da Graciosa obra de Deus, que faz novas todas as coisas. A Palavra também nos diz que, quando cremos, Ele nos justifica.

> **Atos 13.39 (KJA),** *"E, por intermédio de Jesus, **todo aquele que crê é justificado de todas as faltas** de que antes não pudestes ser justificados pela Lei de Moisés."*

Ele nos traz a um novo e íntimo relacionamento Consigo. Deus sempre quis estar em um relacionamento real conosco. Desde os tempos do Jardim do Éden, Ele quis estar em comunhão com sua criação. Através de Cristo nós podemos ter um relacionamento restaurado com o Pai, com o Filho e com o Espírito Santo. Apenas abra seu coração, sua vida, para Ele e O deixe entrar. Isso me leva à parcela humana na salvação.

> **Apocalipse 3.20 (KJA)**, "Eis que estou à porta e bato: *se alguém ouvir a minha voz* 2. *abrir a porta, entrarei em sua casa e cearei com ele, e ele comigo.*"

2. A parcela <u>humana</u> na Salvação

A parcela humana nessa obra de ser "nascido de novo" acontece quando abrimos nossos corações para a mensagem trazida a nós através dos Seus filhos, reconsideramos profundamente nossa vida e nossas ações, à luz da Sua convicção interna e da Palavra apresentada a nós, e com remorso por nossa falha em reconhecer a Ele e Sua Graça, confessamos nossos pecados, pedimos perdão, e O pedimos para ser Senhor de nossas vidas.

A Bíblia declara que essa experiência de conversão, "nascer de novo", acontece quando prestamos atenção ao chamado Dele para sairmos das Trevas e entrarmos em um relacionamento com Seu Filho.

> **1 Pedro 2.9 (KJA)**, "*Porém, vós sois geração eleita, sacerdócio real, nação santa, povo de propriedade exclusiva de* **Deus**, *cujo propósito é proclamar as grandezas daquele que vos convocou das trevas para sua maravilhosa luz.*"

Cristo está nos chamando das Trevas. Siga Seu chamado para a Luz de Deus.

> **Colossenses 1.13-14 (NVI)**, "*Pois* **ele nos resgatou do domínio das trevas** *e nos transportou para o Reino do seu Filho amado, [14] em quem temos a redenção, a saber, o perdão dos pecados.*"

Frequentemente eu vejo pessoas virem debaixo de uma forte convicção do Espírito Santo sobre seus pecados, se arrependerem deles, mas nunca colocarem sua fé em Jesus para ser Senhor sobre as suas vidas. Para que haja uma transformação verdadeira, precisamos transferir nossa fé em nós mesmos para Deus de uma vez por todas.

"Para que haja uma transformação verdadeira, precisamos transferir nossa fé em nós mesmos para Deus de uma vez por todas." Dr, Hendrik Vorster

Como eu me torno "nascido de novo"?

Nos tornamos nascidos de novo quando entramos em consenso com Deus sobre a nossa perdição e nossa necessidade Dele. Quando Ele, em seu Gracioso Amor, traz convicção aos nossos corações de tal maneira, que sentimos remorso dos nossos pecados, os confessamos e nos arrependemos. Nascemos de novo quando Ele nos faz renascer pelo Espírito Santo. Quando transferimos nossa fé em nós mesmos para Ele, como Senhor de nossas vidas. Somos nascidos de novo quando tudo isso se alinha simultaneamente.

Vamos então rever os aspectos de sermos nascidos de novo:

1. Se arrependa dos seus <u>pecados</u>

Eu oro para que uma tristeza piedosa encha seu coração hoje, que essa tristeza te traga à confissão genuína e arrependimento dos seus pecados.

> *2 Coríntios 7.9-11 (KJA), "9 Agora, no entanto, me alegro, não porque fostes contristados, mas porque o efeito da **tristeza vos levou ao arrependimento**. Porquanto, segundo a vontade de Deus é que fostes entristecidos, a fim de que não sofrêsseis prejuízo algum por nossa causa. [10] **A tristeza, conforme o Senhor, não produz remorso, mas sim uma qualidade de arrependimento que conduz à salvação**; porém, a tristeza do mundo traz a morte.*

2. Creia no Senhor Jesus e você será salvo

Eu oro para que a fé desperte em seu coração. Ao ter ouvido essas Escrituras, eu acredito que o Espírito Santo ativou a fé em você para crer na Sua Palavra. Responda a essa obra do Espírito dentro de você e coloque sua fé em Jesus. A fé é um dom de Deus.

> **Romanos 10.17 (KJA),** *"Como consequência, a fé vem pelo ouvir as boas novas, e as boas novas vêm pela Palavra de Cristo."*

> **Efésios 2.8 (KJA),** *"Porquanto, pela graça sois salvos, por meio da fé, e isto não vem de vós, é dom de Deus;"*

3. Se <u>ajoelhe</u> diante Dele e <u>confesse</u> com sua boca que Ele é seu Senhor.

Oro para que você reconheça Jesus Cristo como seu Senhor e Salvador.

> **Romanos 10.9 (KJA),** *"Se, com tua boca, confessares que Jesus é Senhor, e creres em teu coração que Deus o ressuscitou dentre os mortos, serás salvo!"*

Reconheça e confesse com seus lábios que você aceita Jesus Cristo como seu Senhor e Salvador, como você crê em seu coração.

4. <u>Peça</u> a Jesus para entrar em sua vida!

Ao falar à Igreja em Laodicéia, o Espírito Santo chamou a Igreja ao arrependimento, com a promessa de que se ela se arrependesse e abrisse seu coração pra Ele, Ele viria e habitaria com ela. Eu oro para que você também abra a porta do seu coração para o Senhor Jesus e O deixe entrar e viver com você.

> **Apocalipse 3.20 (KJA),** *"Eis que estou à porta e bato: se alguém ouvir a minha voz e abrir a porta, entrarei em sua casa e cearei com ele, e ele comigo."*

Temos essa promessa maravilhosa que quando O recebemos em nossas vidas, recebemos o direitos de sermos Seus filhos.

> **João 1.12-13 (KJA),** *"Mas a todos quantos o receberam, deu-lhes o direito de se tornarem filhos de Deus, ou seja, aos que creem no seu Nome; [13] os quais não **nasceram** do sangue, nem da vontade da carne, nem da vontade do homem, **mas de Deus.**"*

Peça ao Senhor que entre em sua vida. Peça-o para ser seu Senhor e te salvar dos seus pecados. Para fazer de você um dos filhos Dele. A tristeza piedosa que você experimenta, combinada com essas simples orações e ações, é a obra de Deus. Permita que essa obra continue para que você seja nascido de novo.

Quando respondemos à ação do Espírito Santo dentro de nós, Deus faz Sua parte, e a parte Dele é essa maravilhosa parcela de nos fazer "nascidos de novo".

Vamos direcionar nossa atenção ao milagre que Ele opera quando "nascemos de novo".

1. Você se torna um filho de Deus

> João 1.12-13 (KJA), *"Mas a todos quantos o receberam, deu-lhes o direito de se tornarem filhos de Deus, ou seja, aos que creem no seu Nome;* [13] *os quais não nasceram do sangue, nem da vontade da carne, nem da vontade do homem, mas de Deus."*

> 1 João 3.1 (KJA), *"Vede que imenso amor nos tem concedido o Pai, a ponto de sermos tratados como filhos de Deus;*

2. Você recebe perdão dos seus pecados

A Palavra de Deus diz que Ele é "Fiel e Justo", Ele fará Sua parte e será Fiel para cumprir Sua promessa de perdão havendo confissão de pecados.

> 1 João 1.9 (KJA), *"Se confessarmos os nossos pecados, Ele é fiel e justo para nos perdoar todos os pecados e nos purificar de qualquer injustiça."*

Ele não só nos perdoa, como também nos purifica de toda injustiça. Essa é uma obra maravilhosa de Deus. Os Salmos nos dão essa promessa de que Deus irá remover nossa transgressão, colocando-a tão distante de nós quanto o leste está do oeste. Isso não é incrível?

> Salmo 103.12 (KJA), *"Quanto dista o Oriente do Ocidente, assim também Ele afasta para longe de nós as nossas próprias transgressões."*

> Colossenses 2.13-15 (KJA), *"E a vós outros, que estáveis mortos pelas vossas transgressões e pela incircuncisão da vossa carne;*

> *vos deu vida juntamente com Ele, perdoando todos os nossos pecados;[14] e cancelou a escrita de dívida, que consistia em ordenanças, e que nos era contrária. Ele a removeu completamente, pregando-a na cruz;[15] e, despojando as autoridades e poderes malignos, fez deles um espetáculo público, **triunfando sobre todos eles na cruz.***"

3. A maldição sobre sua vida está quebrada

Uma das muitas bênçãos que recebemos quando aceitamos Cristo, é que Ele quebra qualquer maldição lançada sobre as nossas vidas. Muitas pessoas vivem debaixo da sensação de terem sido amaldiçoadas, e para muitas essa é uma realidade muito pertinente, sabendo que eles mesmos e suas famílias estão amaldiçoados. Jesus Cristo se fez maldição para que você seja abençoado. Quando você convida Jesus para entrar em sua vida, você convida a benção de Deus, e Ele quebra qualquer maldição ou encantamento que esteja sobre a sua vida. A maldição está quebrada.

> Gálatas 3.13-14 (KJA), "*Foi Cristo quem nos redimiu da maldição da Lei quando, a si próprio se tornou maldição em nosso lugar, pois como está escrito: 'Maldito todo aquele que for pendurado num madeiro'.[14] Isso aconteceu para que a bênção de Abraão chegasse também aos gentios em Jesus Cristo, **a fim de que recebêssemos a promessa do Espírito Santo pela fé.***"

4. Você é retirado das Trevas e trazido para a Luz

> Colossenses 1.13 (KJA), "*Ele nos resgatou do domínio das trevas e nos transportou para o reino do seu Filho amado, [14] em quem temos a plena redenção por meio do seu sangue, isto é, o perdão de todos os pecados.*"

5. Você é uma nova criatura

> 2 Coríntios 5.17 (KJA), *"Portanto, se alguém está em Cristo, é nova criação; as coisas antigas já passaram, **eis que tudo se fez novo**!"*

6. Você se une espiritualmente a Cristo

> 2 Coríntios 5.18 (KJA), *"Tudo isso provém de Deus, **que nos reconciliou consigo mesmo por intermédio de Cristo** e nos outorgou o ministério da reconciliação."*

7. Você é batizado no Corpo de Cristo

> 1 Coríntios 12.13 (KJA), *"Pois todos fomos batizados por um só Espírito, a fim de sermos um só corpo, quer judeus, quer gregos, quer escravos, quer livres; e a todos nós foi dado beber de um único Espírito."*

8. Você se torna parte da família do Deus Altíssimo

> 2 Coríntios 6.18 (NVI), *"e lhes serei Pai, e vocês serão meus filhos e minhas filhas", diz o Senhor todo-poderoso."*

Todos nós nascemos em uma família em nosso nascimento natural. Isso também é verdade quando "nascemos de novo". Nós "nascemos" na família de Deus. Precisamos abraçar esta nova família para termos o benefício mútuo de dar e receber apoio. Nós somos edificados quando nos reunimos. Demonstramos e recebemos amor nessa família. Famílias geralmente vivem juntas. Uma das maneiras pelas quais a família de Deus "vive junto" é fazendo um compromisso de ser parte de um grupo, e se comprometendo com as reuniões dos fins de semana, quando os que creem se reúnem.

Esse é só um esboço das muitas bênçãos concedidas a nós quando abrimos nossos corações e deixamos Jesus se tornar Senhor das nossas vidas. Nos tornamos parte de uma família Celestial, onde Deus é o nosso Pai, Jesus nosso irmão e o Espírito Santo nossa companhia constante e nosso Guia.

> **Hebreus 3.7-12 (NVI)**, "Assim, como diz o Espírito Santo: Hoje, se vocês ouvirem a sua voz,[8] não endureçam o coração, como na rebelião, durante o tempo da provação no deserto,[9] onde os seus antepassados me tentaram, pondo-me à prova, apesar de, durante quarenta anos, terem visto o que eu fiz.[10] Por isso fiquei irado contra aquela geração e disse: O seu coração está sempre se desviando, e eles não reconheceram os meus caminhos. [11] Assim jurei na minha ira: Jamais entrarão no meu descanso.[12] Cuidado, irmãos, para que nenhum de vocês tenha coração perverso e incrédulo, que se afaste do Deus vivo."

Se você acabou de seguir esses passos, e pediu a Jesus que entrasse em sua vida, mesmo que já houvesse feito isso antes, mas sente que tomou essa decisão com mais convicção hoje, então eu te convido a assinar seu nome na linha abaixo, e a datar com o dia de hoje.

Assinatura
    Data

PARTE IV
BATISMOS

4

BATISMOS

A parte três, como destacado na Escritura abaixo, fala dos "**Batismos**", no plural. Temos o **Batismo no Corpo de Cristo**, o **Batismo dos Crentes** e o **Batismo no Espírito Santo**. Temos vários exemplos bíblicos que enfatizam essa **progressão da Regeneração (Batismo no Corpo de Cristo), para o Batismo nas águas e para o recebimento do Batismo no Espírito Santo**.

> **Hebreus 6.1-2 (KJA)**, *"Sendo assim, considerando conhecidos os ensinos básicos a respeito de Cristo, prossigamos rumo à maturidade, sem lançar novamente o fundamento do arrependimento de atitudes inúteis e que conduzem à morte; da fé em Deus,[2] da **instrução acerca de batismos**, da imposição de mãos, da ressurreição dos mortos e do juízo eterno."*

Batismo no Corpo de Cristo

De certa forma já discutimos o primeiro Batismo no Corpo de Cristo nos capítulos anteriores, quando falamos de ser "nascido de novo". Essa é uma obra de Deus através do Espírito Santo na regeneração.

1 Coríntios 12.13 (NVI), *"Pois em um só corpo todos nós fomos batizados em um único Espírito: quer judeus, quer gregos, quer escravos, quer livres. E a todos nós foi dado beber de um único Espírito."*

Aqui vamos explorar o próximo passo do Batismo, como uma das ordenanças instituídas por Cristo que deve ser obedecida pelos Seus seguidores. O batismo é o passo seguinte na vida daqueles que abandonaram seu passado de pecado e se tornaram para Cristo como Senhor, e que desejam ter uma vida de comunhão com Ele. O batismo é a atitude de obediência que exprime a unificação de alguém com a morte e ressurreição de Cristo.

Na ordem bíblica encontramos, primeiramente, que quando aceitamos Cristo como Senhor, através da conversão, somos batizados no Corpo de Cristo. A regeneração marca nossa imersão no Corpo de Cristo. No entanto, o Batismo marca nossa instalação no Corpo de Cristo. Podemos fazer uma comparação com a eleição de um presidente de um país. Eles podem ser eleitos, mas só tomam posse uma vez já instalados ou juramentados. O Batismo é aquela cerimônia de Juramento. É uma afirmação externa da mudança de mente e de direção, e de uma regeneração interna. Isso nos leva à nossa discussão sobre o Batismo dos Crentes.

O Batismo dos Crentes

Jesus enfatizou que os **crentes** deveriam ser batizados, como um passo necessário após haverem crido.

Marcos 16.16 (NVI), *"Quem crer e for batizado será salvo, mas quem não crer será condenado."*

Método de Batismo

O método bíblico de batismo é a imersão. A palavra grega para batismo é a palavra "Baptismo", que significa **imergir** . Nos tempos bíblicos, aqueles que respondiam à mensagem de salvação, entravam na água corrente diante dos olhos de todos e eram submersos como um sinal de que haviam morrido com Cristo e não mais viviam da maneira antiga, mas ansiavam por se levantarem para uma nova vida, submetida ao governo e reinado de Cristo. Esse método ainda é utilizado em igrejas cristãs ao redor do mundo nos dias de hoje.

Quem pode ser batizado?

Os que creem podem ser batizados, e de fato, devem ser batizados, por razões que explicarei adiante. Consequentemente, o chamamos de batismo dos crentes.

O Batismo é para os Crentes.
Tendo em vista que a instrução bíblica é clara, de que aqueles que creem devem ser batizados, o chamamos de "**batismo dos crentes**".

> Marcos 16.15-16 (KJA), "E lhes ordenou: 'Enquanto estiverdes indo pelo mundo inteiro proclamai o Evangelho a toda criatura.[16] **Aquele que crer e for batizado será salvo.** Todavia, quem não crer será condenado!'"

> Mateus 28.19 (KJA), " Portanto, ide e fazei com que todos os povos da terra se **tornem discípulos, batizando-os em nome do Pai, e do Filho, e do Espírito Santo;**"

O que acontece quando somos batizados?

Através do Batismo nós **enterramos** nosso antigo "eu" e nos **levantamos** para uma nova vida.

O Batismo é uma ordenança para a Igreja, no como uma exigência humana ou ritualística, mas uma determinada por Deus. Existem dois sacramentos dados por Deus: Batismo e Ceia (a mesa do Senhor). Ambos são chamados de ordenanças, por serem cerimônias *determinadas* pelo Senhor Jesus.

Se tomamos as Palavras de Jesus como uma diretriz, a partir de sua mensagem a Nicodemos, então vemos que a entrada no Reino dos Céus está condicionada à água e ao Espírito. A água representa o batismo e o Espírito a obra de regeneração que acontece na conversão, quando "nascemos de novo".

A experiência de "nascer de novo" é verdadeiramente uma ação do Espírito Santo. Podemos dizer que nascemos do Espírito, através da obra regeneradora do Espírito Santo; no entanto, ser "nascido das águas" depende da nossa obediência e disposição de sermos nascidos das águas, através do Batismo.

*João 3.5 (NVI), "Respondeu Jesus: Digo-lhe a verdade: **Ninguém pode entrar no Reino de Deus, se não nascer da água e do Espírito**."*

A igreja desenvolveu sua exigência para que alguém venha a fazer formalmente parte da congregação a partir dessa passagem: como sinal do comprometimento das pessoas com Cristo, elas são batizadas nas águas, mostrando seu engajamento e fidelidade, e se tornam parte do "Reino de Deus" – a Igreja.

O Batismo é um <u>Sacramento</u>.

O Batismo é uma cerimônia que consiste em nos submergir em água, representando nossa morte para o pecado e o mundo, e enterrando nosso antigo "eu", e depois disso, saímos da água, significando que nos levantamos para uma nova vida com Cristo, através da nossa confiança em Seu Poder de Ressurreição.

Vamos então nos aprofundar no Batismo dos Crentes. Romanos 6 sintetiza esses dois conceitos com muita beleza:

Romanos 6.3-4 (NVI), "Ou vocês não sabem que todos ***nós, que fomos batizados em Cristo Jesus, fomos batizados em sua morte?*** [4] ***Portanto, fomos sepultados com ele na morte por meio do batismo,*** a fim de que, ***assim como Cristo foi ressuscitado dos mortos*** mediante a glória do Pai, ***também nós vivamos uma vida nova.***"

Gálatas 3.27 (NVI), "*pois os que em Cristo foram batizados, de Cristo se revestiram.*"

Explicação do simbolismo do Batismo

Primeiramente, na água, fala da <u>morte</u> para si mesmo.
Romanos 6.3-4 esclarece que a primeira coisa que acontece no batismo é que enterramos nosso antigo "eu". Nós morremos para nós mesmos quando pedimos a Jesus que se torne o Senhor de nossas vidas. Tudo o que queremos fazer agora é viver para Ele. Então quando você é batizado, você enterra aquele velho homem, cheio de pecado e morte. Ao sermos submergidos na água, estamos proclamando que Jesus morreu em nosso lugar por causa dos nossos pecados, e nós também morremos para o pecado em nossas vidas. Também declaramos ao passar pelas águas, que rompemos completamente com o passado, e representamos isso com morte e enterro. O batismo é uma declaração pública de que para mim, a vida passada acabou, e eu estou colocando um ponto final nela.

Em segundo lugar, fora da água, fala de <u>ressurreição</u> para uma nova vida, e de sermos <u>revestidos</u> por Cristo.
Romanos 6.4 prossegue explicando que através do batismo nos levantamos para uma nova vida, assim como Jesus se levantou de dentre os mortos para uma nova vida. Nós ressuscitamos para uma nova vida quando saímos das águas e, ao fazermos isso, nos tornamos nascidos nas águas. Existe, é claro, outra parte deste batismo, e ela é nosso revestimento de Cristo através dele. Isso significa que você toma sobre si a vida de Cristo para segui-lo em obediência humilde.

Quando você será batizado?

A obediência é uma das principais características dos cristãos. Peça ao Pastor, líder espiritual ou à pessoa que te conduziu à salvação para ser batizado. Faça isso de forma pública, para que sirva como uma declaração a todos de que você se compromete firmemente a seguir a Cristo como Senhor da sua vida. Quando Felipe pregou para o eunuco etíope, eles foram a um lugar onde havia água, e no verso 39 a próxima coisa que lemos é "ao sair da água...". O Batismo é completo quando é feito em público e em total imersão.

A pergunta é:

"O que te impede de ser batizado <u>hoje</u>"?

> Atos 8.36-38 (KJA), "Prosseguindo pela estrada, chegaram a um lugar onde havia água, e foi quando o eunuco observou: 'Eis aqui água! Que me impede de ser batizado?' [37] Ao que Filipe orientou-lhe: 'Tu podes, se crês de todo o teu coração'. Em seguida, declarou-lhe o eunuco: '**Creio que Jesus Cristo é o Filho de Deus!**' [38]Assim, deu ordem para que parassem a carruagem. Então, **Filipe e o eunuco desceram à água, e Filipe o batizou.**"

Eu oro para que esta seja a sua realidade hoje! Que Deus te abençoe ao segui-Lo obedientemente através das águas do Batismo.

Batismo no Espírito Santo

Já perto do fim do ministério de Jesus, Ele enfatizou para os seus discípulos a importância do batismo na água, e do subsequente batismo no Espírito Santo.

> Atos 1.5 (NVI), *"Pois João batizou com água, mas dentro de poucos dias vocês serão batizados com o Espírito Santo."*

Os apóstolos pregavam o Evangelho, e imediatamente após a resposta das pessoas à mensagem, ressaltavam que os novos convertidos deveriam ser batizados, e receberem o Espírito Santo. O apóstolo Pedro apresenta esse último batismo como uma promessa do Pai.

> Atos 2.37-38 (KJA), "Ao ouvirem tais palavras, ficaram agoniados em seu coração, e desejaram saber de Pedro e dos

outros apóstolos: "Caros irmãos! **O que devemos fazer?**" [38] Orientou-lhes Pedro: "**Arrependei-vos e cada um de vós seja batizado** em o nome de Jesus Cristo para o perdão de vossos pecados; **e recebereis o dom do Espírito Santo.**"

Quando Felipe terminou de compartilhar o Evangelho com as pessoas, imediatamente batizou aqueles que haviam crido na mensagem e colocado sua fé em Cristo.

> Atos 8.12 (NVI), "No entanto, **quando** Felipe **lhes pregou as boas novas do** Reino de Deus e do nome de Jesus Cristo, **creram** nele, **e foram batizado**s, tanto homens como mulheres."

Os apóstolos eram muito intencionais em sua busca por novos crentes. Uma vez que as pessoas aceitavam a Palavra de Deus, eles imediatamente ensinavam sobre o batismo, como um meio de selar sua recém descoberta fé com uma demonstração pública de solidariedade com Cristo, e então como uma continuação imediata de sua obediência, logo após serem batizados nas águas, recebiam a imposição de mãos para serem batizados no Espírito Santo.

> Atos 8.14-17 (NVI), "**Os apóstolos em Jerusalém, ouvindo** que Samaria **havia aceitado a palavra de Deus,** enviaram para lá Pedro e João. [15] Estes, ao chegarem, **oraram para que eles recebessem o Espírito Santo,**[16] pois o Espírito ainda não havia descido sobre nenhum deles; **tinham apenas sido batizados** em nome do Senhor Jesus. [17] **Então Pedro e João lhes impuseram as mãos, e eles receberam o Espírito Santo.**"

> *Atos 19.4-7 (NVI), "Disse Paulo: 'O batismo de João foi um batismo de arrependimento. Ele dizia ao povo que cresse naquele que viria depois dele, isto é, em Jesus'.[5] Ouvindo isso, eles foram*

> *batizados no nome do Senhor Jesus.[6] Quando **Paulo lhes
> impôs as mãos, veio sobre eles o Espírito Santo**, e começaram a
> falar em línguas e a profetizar.[7] Eram ao todo uns doze
> homens."*

Nestes versos, retirados dentre vários exemplos do Novo Testamento, encontramos exemplos de uma ordem na qual os Apóstolos discipulavam. **Podemos ver claramente a progressão da conversão/regeneração, para batismo nas águas, até o batismo no Espírito Santo.** Esses três elementos iniciais básicos da Jornada do Discipulado são um ponto de partida essencial. Vemos que os discípulos eram intencionais ao pregarem o Evangelho, e então assegurarem que esses novos convertidos fossem batizados e recebessem o Espírito Santo.

A terceira parte nesta sessão sobre Batismo é de **igual importância**, e aborda o **batismo no Espírito Santo**. Quando os apóstolos ouviram que Samaria havia recebido a Palavra de Deus, eles viajaram até lá para que aquelas pessoas recebessem também o Espírito Santo, através de suas orações.

> **Atos 8.12 (KJA)**, "Contudo, *quando **Filipe lhes*** pregou as Boas
> Novas do Reino de Deus e do Nome de Jesus Cristo, ***creram
> nele**, e foram **batizados, tanto homens quanto mulheres**.*"

> **Atos 8.14-17 (NVI)**, "Os **apóstolos** em Jerusalém, **ouvindo que**
> Samaria havia **aceitado a palavra de Deus**, enviaram para
> lá Pedro e João. [15] Estes, ao chegarem, **oraram para que
> eles recebessem o Espírito Santo,**[16] pois o Espírito
> ainda não havia descido sobre nenhum deles; tinham
> **apenas sido batizados** em nome do Senhor Jesus.
> [17] **Então Pedro e João lhes impuseram as mãos, e eles
> receberam o Espírito Santo**."

Por que esse Batismo é importante para os crentes?

O batismo no Espírito Santo é importante por ser uma promessa de algo que Jesus disse que traria.

Desde os tempos em que João Batista começou seu ministério, ele apontava para Aquele que viria após dele e *"batizaria com o Espírito Santo"*. A mensagem de João nos leva a entender que o verdadeiro batismo que deveria ser buscado, era o no Espírito Santo.

> **Mateus 3.11 (KJA)**, "Eu, em verdade, vos batizo com água, para arrependimento; *mas depois de mim vem alguém mais poderoso do que eu, tanto que não* sou digno nem de levar as suas sandálias. *Ele vos batizará com o Espírito Santo e com fogo.*"

Vemos que Jesus confirmou e continuou a encorajar seus discípulos a esperarem pelo Dom do Espírito Santo, em Atos 1.4-5. O que era essa *"Promessa do Pai"*? Era o *"Batismo no Espírito Santo"*.

> **Atos 1.4-5 (KJA)**, "Certa ocasião, enquanto ceava com eles, ordenou-lhes que não se ausentassem de Jerusalém, mas que *aguardassem a promessa do Pai*, a qual, salientou Ele: 'De mim ouvistes! [5] Porquanto João, de fato, batizou com água, *entretanto dentro de poucos dias vós sereis batizados com o Espírito Santo'*".

Também vemos que Jesus prometeu que eles receberiam *"poder"* ao receberem o Espírito Santo, e que seriam *Suas testemunhas*.

> **Atos 1.8 (KJA)**, "Contudo, *recebereis poder quando o Espírito Santo descer sobre vós, e sereis minhas testemunhas*, tanto em Jerusalém, como em toda a Judeia e Samaria, e até os confins da terra!"

Vemos em Atos capítulo 2 verso 4 que eles receberam o Batismo com o Espírito Santo.

> **Atos 2.4 (NVI),** "Todos ficaram cheios do Espírito Santo e começaram a falar noutras línguas, conforme o Espírito os capacitava."

Jesus falou desse dom do Espírito Santo em várias ocasiões durante Seu ministério.

> **João 7.38-39 (KJA),** "'Aquele que crê em mim, como diz a Escritura, do seu interior fluirão rios de água viva.' [39] Mas Ele se referiu ao Espírito que, *mais tarde, receberiam os que nele cressem*; pois o Espírito Santo até aquele momento não fora concedido, porque Jesus não havia sido ainda glorificado."

O Batismo no Espírito Santo é para os que creem, e o Espírito é o ajudador destes.

> **João 14.26 (KJA),** "Mas o *Advogado, o Espírito Santo*, a quem o Pai enviará em meu Nome, *esse vos ensinará todas as verdades e vos fará lembrar tudo o que Eu vos disse.*"

O Espírito Santo tem um ministério poderoso entre nós. O ministério Dele é tudo o que precisamos e desejamos em nossas vidas para que elas sejam bem-sucedidas e piedosas. Uma vez que os Discípulos e todos os que estavam com eles no Cenáculo, foram batizados no Espírito Santo, eles começaram a ministrar: Pedro pregou e vemos que 3000 pessoas se converteram naquele dia. Como a mensagem dele foi clara, acredito que todas aquelas pessoas tenham sido batizadas nas águas e no Espírito Santo.

Vejamos Atos 2 versos 38 a 39:

> **Atos 2.38-39 (KJA),** "Orientou-lhes Pedro: '*Arrependei-vos e cada um de vós seja batizado em o nome de Jesus Cristo* para o perdão de vossos pecados; e *recebereis o dom do Espírito Santo*. [39] Porquanto *a promessa pertence a vós, a vossos*

filhos e a todos os que estão distantes. Enfim, para todos quantos o Senhor, nosso Deus, chamar!'"

3000 pessoas receberam Cristo naquele dia. Os apóstolos garantiram que todos aqueles que "nasceram de novo" recebessem o Espírito Santo.

> Atos 8.14-17 (KJA), *"Então, os apóstolos de Jerusalém, ouvindo que o povo de Samaria havia acolhido a Palavra de Deus, enviaram para lá Pedro e João.* [15] Estes, assim que desceram até eles, oraram para que recebessem o Espírito Santo, [16] porquanto o Espírito ainda não havia sido derramado sobre nenhum deles; *tinham apenas sido batizados em o Nome do Senhor Jesus. [17] Sendo assim, à medida em que Pedro e João lhes impunham as mãos, recebiam estes o Espírito Santo."*

Alguns acreditam que somos batizados com o Espírito Santo quando "nascemos de novo" ou quando somos batizados nas águas, mas essa passagem refuta este pensamento, já que vemos que os apóstolos tiveram que intervir e ensinar os novos convertidos, e então impor suas mãos para que eles recebessem o Espírito Santo. O apóstolo Paulo também procedia assim.

> Atos 19.1-6 (KJA), "E aconteceu que, enquanto Apolo estava em Corinto, Paulo atravessou as regiões altas, e chegando a Éfeso, encontrou ali alguns discípulos [2] e lhes indagou: 'Recebestes o Espírito Santo na época em que crestes?' Ao que eles replicaram: 'De forma alguma, nem sequer soubemos que existe o Espírito Santo!' [3] Diante disso, Paulo questionou: 'Ora, em que tipo de batismo fostes batizados, então?' E eles declararam: 'No batismo de João'. [4] Então Paulo lhes explicou: 'O batismo realizado por João foi um batismo de arrependimento. Ele ordenava ao povo que cresse naquele que viria depois dele, ou seja,

em Jesus!' [5] E, compreendendo isso, eles foram batizados no Nome do Senhor Jesus. [6] Quando Paulo lhes impôs as mãos, veio sobre eles o Espírito Santo e começaram a falar em línguas e a profetizar."

Paulo encontrou alguns novos convertidos em Éfeso. Ele quis garantir que eles, como crentes, eram batizados no Espírito Santo, mas logo percebeu que eles só haviam sido batizados no batismo de João. Uma vez que ele lhes explicou sobre o Batismo no Nome de Jesus, eles foram batizados e em seguida o apóstolo impôs suas mãos sobre eles para que recebessem o Espírito Santo. Parece que os apóstolos sempre confirmavam se as pessoas eram no mínimo crentes, batizadas e cheias do Espírito Santo.

O Batismo no Espírito Santo pode acontecer antes do Batismo dos Crentes.

Em certa ocasião, o Senhor enviou Pedro à casa de um gentio onde ele pregou a mensagem de Cristo. Enquanto Pedro falava com as pessoas da casa de Cornélio, o Espírito Santo os batizou, assim que creram. Em seguida, Pedro os instruiu a serem também batizados nas águas, uma vez que já haviam sido cheios do Espírito.

> **Atos 10.44-48 (KJA)**, "E aconteceu que enquanto Pedro ainda pronunciava estas palavras, o Espírito Santo desceu de repente sobre todos os que ouviam a mensagem. [45] Aqueles crentes judeus que vieram com Pedro ficaram admirados de que *o dom do Espírito Santo estivesse sendo derramado inclusive sobre os gentios,* [46] porquanto, os ouviam se expressando em línguas estranhas e exaltando a Deus. Diante disso, exclamou Pedro: [47] 'Será possível que alguém ainda recuse água e *impeça que estes sejam batizados? Eles, assim como nós, receberam o mesmo Espírito Santo!'* [48] *Em seguida, mandou que fossem batizados em o Nome de Jesus Cristo.* Então, suplicaram a Pedro que permanecesse com eles por alguns dias."

Só para ter certeza que entendemos a história direito, Pedro contou aos outros apóstolos o que havia acontecido quando retornou a Jerusalém, de como aqueles crentes gentios receberam o batismo no Espírito Santo, *"assim como eles"*.

> **Atos 11.15-17 (KJA)**, "Assim que comecei a pregar, o Espírito, num instante, sobreveio a eles da mesma maneira como veio sobre nós no princípio. [16] E naquele momento lembrei-me *do que o Senhor me havia dito*: 'João, de fato, batizou em água, *no entanto, vós sereis batizados com o Espírito Santo!'* [17] Portanto, *se Deus lhes concedeu o mesmo Dom que dera igualmente a nós, ao crermos no Senhor Jesus Cristo*, quem era eu, para pensar em contrariar a Deus?"

Foi a profunda reverência de Pedro à Palavra de Deus que o consolou e encorajou a seguir com esses novos convertidos até que fossem batizados no Nome de Jesus.

Vamos falar então sobre receber o Espírito Santo.

1. O Espírito Santo é uma Pessoa.

Jesus usou a palavra "Ele" para se referir ao Espírito Santo em João 16.13-14.

> **João 16.13-14 (KJA)**, "No entanto, quando o Espírito da verdade vier, *Ele vos guiará* em toda a verdade; porque *não falará por si mesmo*, mas *dirá tudo o que tiver ouvido* e *vos revelará tudo o que está por vir*. [14] *O Espírito me glorificará, porque* receberá do que é meu e *vos anunciará*."

O Espírito Santo é descrito como tendo personalidade, influência e poder. Ele é capaz de "guiar", "falar" e "ouvir".

2. O Espírito Santo vem de Deus e se moveu em todos os grandes homens e mulheres de Deus na Bíblia. Ele fez a diferença.

> João 14.26 (KJA), "Mas o Advogado, o Espírito Santo, *a quem o Pai enviará em meu Nome*, esse vos ensinará todas as verdades e vos fará lembrar tudo o que Eu vos disse."

Vemos que é o Espírito Santo é enviado do Pai. Em muitas ocasiões no Velho Testamento lemos sobre o *"Espírito do Senhor"*, significando que o Espírito Santo vem de Deus e capacita pessoas comuns a fazerem coisas extraordinárias. A presença do Espírito Santo veio com poder e capacitação para aqueles que O tinham em suas vidas.

> **Números 11.25 (KJA),** "O *SENHOR desceu na nuvem*. Falou a Moisés *e tomou do Espírito que pairava sobre Moisés e o colocou sobre as setenta autoridades.* Assim que *o Espírito veio sobre essas pessoas, profetizaram;* porém nunca mais tornaram a fazê-lo."

O Espírito Santo ungiu pessoas para propósitos específicos.

> **Juízes 6.34 (KJA),** "Então *o Espírito de Yahweh tomou pleno controle de Gideão* e o fez tocar o Shofar, a trombeta de convocação, conclamando assim todos os abiezritas para segui-lo."

O Rei Davi foi ungido pelo Espírito do Senhor.

> **1 Samuel 16.13 (KJA),** "Samuel apanhou o chifre que estava repleto do melhor azeite e ungi-o na presença dos seus irmãos, e, a partir daquele dia, o Espírito de Yahweh assenhorou-se de David, Davi. E Samuel retornou para Ramá."

3. O Espírito Santo fez a diferença na vida e no ministério de Jesus.

Jesus declarou em Lucas 4 que o "Espírito do Senhor" estava sobre Ele.

> Lucas 4.18-19 (KJA), ""O Espírito do Senhor está sobre mim, porque me ungiu para pregar o Evangelho aos pobres. Ele me enviou para proclamar a libertação dos aprisionados e a recuperação da vista aos cegos; para restituir a liberdade aos oprimidos, [19] e promulgar a época da graça do Senhor".

> Atos 10.38 (KJA), "e se *refere a Jesus de Nazaré, de como Deus o ungiu com o Espírito Santo e poder*, e como ele caminhou por toda a parte *realizando o bem e salvando todos os* oprimidos pelo Diabo, *porquanto Deus era com Ele.*"

4. Os apóstolos tiveram uma experiência com Ele e garantiram que os crentes também

Os apóstolos receberam o batismo no Espírito Santo primeiro, contudo, desde a primeira mensagem pregada por eles, os que creram foram encorajados a desejar e receber o batismo no Espírito Santo depois do batismo nas águas.

> **Atos 2.4 (KJA),** "E *todas as pessoas ali reunidas ficaram cheias do Espírito Santo*, e começaram a falar em outras línguas, de acordo com o poder que o próprio Espírito lhes concedia que falassem."

> Atos 2.38-39 (KJA), "Orientou-lhes Pedro: 'Arrependei-vos e cada um de vós seja batizado em o nome de Jesus Cristo para o perdão de vossos pecados; e *recebereis o dom do Espírito Santo.* [39] Porquanto *a promessa pertence a vós, a vossos*

> *filhos e a todos os que estão distantes. Enfim, para todos quantos o Senhor, nosso Deus, chamar!'"*

> **Atos 19.2,6 (KJA)**, "e lhes indagou: *'Recebestes o Espírito Santo na época em que crestes?'* Ao que eles replicaram: 'De forma alguma, nem sequer soubemos que existe o Espírito Santo!' [6] **Quando Paulo lhes impôs as mãos, veio sobre eles o Espírito Santo** e começaram a falar em línguas e a profetizar."

Existem inúmeros exemplos, mesmo nas cartas pastorais às igrejas.

O Espírito Santo nos dá poder para sermos suas testemunhas

O Senhor Jesus prometeu que receberíamos poder quando o Espírito Santo viesse sobre nós, e através desse "Poder", nos tornaríamos suas testemunhas.

> **Atos 1.8 (KJA)**, "Contudo, *recebereis poder quando o Espírito Santo descer sobre vós*, e *sereis minhas testemunhas*, tanto em Jerusalém, como em toda a Judeia e Samaria, e até os confins da terra!"

O Espírito Santos nos dá poder para edificarmos uns aos outros através dos dons

Deus não faz acepção de pessoas e todos os seus filhos recebem dons do Espírito Santo. O propósito desses dons é que eles sirvam como instrumentos através dos quais o Corpo de Cristo será edificado, fortalecido e encorajado. O batismo no Espírito Santo abre a porta para estes dons.

1 Coríntios 12.7 (KJA), "A cada um, contudo, é concedida a manifestação do Espírito, com a finalidade de que todos sejam beneficiados."

1 Coríntios 12.11 (KJA), "Entretanto, o mesmo e único Espírito realiza todas essas ações, e Ele as distribui individualmente, a cada pessoa, conforme deseja."

1 Pedro 4.10 (KJA), "Servi uns aos outros de acordo com o dom que cada um recebeu, como bons administradores da multiforme graça de Deus."

Minha oração é que cada um de vocês use esses dons diariamente para trazer incentivo e esperança para a comunidade dos crentes.

5. O Espírito Santo remove a condenação daqueles que andam debaixo de sua direção

Romanos 8.1 (KJA), "Portanto, agora não há nenhuma condenação para os que estão em Cristo Jesus."

Quando vivemos em conformidade com o que o Espírito dentro de nós deseja, vivemos livres da condenação da lei. Quanto mais nos apropriamos do sangue de Cristo através da obra redentora do Espírito Santo, mais sentimos que o perdão se sobrepõe aos pensamentos e palavras acusatórias ao nosso redor.

6. O Espírito Santo nos capacita a caminhar em vitória sobre os maus desejos da nossa carne.

Romanos 8.1 (KJA), "Portanto, agora não há nenhuma condenação para os que estão em Cristo Jesus."

7. O Espírito Santo nos ajuda a orar.

> **Romanos 8.26-27 (KJA)**, "Do mesmo modo, o Espírito nos auxilia em nossa fraqueza; porque não sabemos como orar, no entanto, o próprio Espírito intercede por nós com gemidos impossíveis de serem expressos por meio de palavras.[27] E aquele que sonda os corações conhece perfeitamente qual é a intenção do Espírito; porquanto, o Espírito suplica pelos santos em conformidade com a vontade de Deus."

Essa passagem nos mostra que o Espírito Santo, se assim permitirmos, nos ajuda enquanto oramos para que o façamos de acordo com a vontade de Deus. Ele é nosso Maravilhoso Conselheiro durante os tempos de oração. Ele intercede por nós. Quantas vezes nós não sabemos como orar? Agora temos um Ajudador que está pronto para interceder em nosso lugar, enquanto continuamos em oração.

O que acontece quando recebo o Batismo no Espírito Santo?

Evidências do Batismo no Espírito Santo.

Exemplos no Novo Testamento.

Temos vários exemplos no Novo Testamento de quando os crentes receberam o Batismo no Espírito Santo. No livro de Atos, o sinal mais comum do batismo no Espírito Santo era o falar em línguas desconhecidas. Nas instruções finais de Jesus aos seus discípulos, ele descreveu quais sinais seguiriam aqueles que colocassem sua fé Nele. Um deste sinais era *"eles falarão novas línguas"*.

> **Marcos 16.17 (KJA)**, "E estes sinais acompanharão aos que crerem: em meu Nome expulsarão demônios; *em línguas novas falarão*."

Desta forma, não foi uma surpresa quando ao serem batizados no Espírito Santo, todos eles começaram a falar novas línguas.

De fato, dos cinco registros que vemos no livro de Atos, três descrevem claramente a evidência de falar em línguas, e em um outro exemplo, o do apóstolo Paulo, revelado por um conhecimento posterior da Escritura, também falou em línguas. Só uma ocasião não faz essa distinção. Vamos ver essas ocorrências.

1. Os apóstolos

No dia de Pentecostes, enquanto eles estavam todos juntos em comum acordo, o Espírito Santo veio sobre todos e os batizou, e todos falaram em novas línguas conforme o Espírito lhes concedia.

> **Atos 2.4 (KJA)**, "E *todas as pessoas ali reunidas ficaram cheias do Espírito Santo, e começaram a falar em outras línguas*, de acordo com o poder que o próprio Espírito lhes concedia que falassem."

2. Novos Convertidos em Samaria

Em Atos 8 vemos que o povo de Samaria recebeu a Palavra de Deus e foi batizado no Nome de Jesus. Os apóstolos enviaram a Pedro e João até lá para averiguar se eles haviam sido batizados no Espírito Santo. Após conversarem com eles, os apóstolos impuseram suas mãos para que recebessem o Espírito Santo. Neste registro, não temos uma explicação de como eles sabiam que haviam recebido o Espírito, além da afirmação dos apóstolos. Eu acredito que, para que os apóstolos fizessem tal afirmação, eles tinham alguma evidência concreta do batismo no Espírito.

> Atos 8.14-17 (NVI), "Os apóstolos em Jerusalém, ouvindo que Samaria havia aceitado a palavra de Deus, enviaram para lá Pedro e João. [15] Estes, ao chegarem, *oraram para que eles recebessem o Espírito Santo*, [16] pois o Espírito ainda não havia descido sobre nenhum deles; tinham apenas sido batizados em nome do Senhor Jesus. [17] *Então Pedro e João lhes impuseram as mãos, e eles receberam o Espírito Santo.*"

3. Saulo de Tarso (Apóstolo Paulo)

Em Atos 9 lemos que Deus enviou Ananias para uma certa rua em Damasco, para impor suas mãos sobre Saulo, a fim de que ele recobrasse a visão e fosse cheio do Espírito Santo.

> Atos 9.17-18 (KJA), "Então, Ananias foi e, entrando na casa, impôs sobre ele as mãos, declarando: 'Irmão Saulo, o Senhor Jesus que lhe apareceu no caminho por onde vinhas, enviou-me a ti para que tornes a ver e fiques pleno do Espírito Santo.' [18] Imediatamente lhe caíram dos olhos algo parecido com umas escamas, e ele passou a ver de novo. Em seguida, levantando-se, foi batizado."

Neste relato em particular, não existe uma menção a ele falando em outras línguas. No entanto, quando vemos o conteúdo da carta que ele escreveu aos Coríntios, ele afirma que fala em línguas, o que nos leva à conclusão óbvia que tenha isso sido mencionado ou não, existe uma associação entre ser batizado no Espírito Santo e falar novas línguas.

> 1 Coríntios 14.18 (KJA), "Dou graças a Deus por falar em línguas mais do que todos vós."

Sendo assim, mesmo que não haja um registro de que Paulo falou em línguas no momento em que foi batizado no Espírito Santo, ele certamente falou.

4. Cornélio e sua casa

Quando Deus chamou a Pedro para ir à casa de Cornélio, o apóstolo não esperava que aqueles incircuncisos fossem aceitar a Palavra de Deus, nem muito menos que seriam batizados no Espírito Santo da maneira que foram. Enquanto ele ainda falava, o Espírito desceu sobre aqueles crentes e eles falaram em novas línguas. Como os apóstolos sabiam que Cornélio e sua casa haviam sido batizados no Espírito? Eles os ouviram falar em outras línguas, assim como havia acontecido com eles próprios quando receberam o Espírito Santo.

> Atos 10.44-48 (NVI), "Enquanto Pedro ainda estava falando estas palavras, o Espírito Santo desceu sobre todos os que ouviam a mensagem. [45] Os judeus convertidos que vieram com *Pedro ficaram admirados de que o dom do Espírito Santo fosse derramado até sobre os gentios,* [46] pois os ouviam falando em línguas e exaltando a Deus. A seguir Pedro disse: [47] 'Pode alguém negar a água, impedindo que estes sejam batizados? *Eles receberam o Espírito Santo como nós!*' [48] Então ordenou que fossem batizados em

nome de Jesus Cristo. Depois pediram a Pedro que ficasse com eles alguns dias."

Este é um registro maravilhoso de gentios recebendo a Palavra de Deus e então sendo cheios do Espírito.

5. Discípulos em Éfeso

O último relato que vemos em Atos é de quando o apóstolo Paulo foi para Éfeso. Mais uma vez, temos o registro de pessoas crendo, sem serem batizadas e sem receberem o Espírito Santo no ato da conversão. Contudo, após receberem o ensino, eles foram batizados no Nome do Senhor Jesus (Batismo dos Crentes) e depois disso, Paulo impôs suas mãos sobre eles, e receberam o batismo no Espírito Santo.

> Atos 19.1-7 (NVI), "Enquanto Apolo estava em Corinto, Paulo, atravessando as regiões altas, chegou a Éfeso. Ali encontrou alguns discípulos [2] e lhes perguntou: 'Vocês receberam o Espírito Santo quando creram?' Eles responderam: 'Não, nem sequer ouvimos que existe o Espírito Santo'. [3] 'Então, que batismo vocês receberam?', perguntou Paulo. 'O batismo de João', responderam eles. [4] Disse Paulo: 'O batismo de João foi um batismo de arrependimento. Ele dizia ao povo que cresse naquele que viria depois dele, isto é, em Jesus'.[5] Ouvindo isso, eles foram batizados no nome do Senhor Jesus.[6] Quando Paulo lhes impôs as mãos, veio sobre eles o Espírito Santo, e começaram a falar em línguas e a profetizar.[7] Eram ao todo uns doze homens."

Dons do Espírito Santo são para a edificação da Igreja

Apesar de termos analisado estes exemplos das Escrituras, o apóstolo Paulo afirma que nem todos falarão em línguas.

1 Coríntios 12.30 (KJA), "Todos têm dons de curar? *Falam todos em línguas?* Todos as interpretam?"

Existem, na realidade, nove dons ou manifestações do Espírito e a "diversidade de línguas" é só uma delas.

1 Coríntios 12.7-11 (KJA), "A cada um, contudo, é concedida a manifestação do Espírito, com a finalidade de que todos sejam beneficiados. [8] Pelo Espírito, a um é dada a palavra de sabedoria; a outro, pelo mesmo Espírito, a palavra de conhecimento. [9] A outro, pelo mesmo Espírito, é outorgada a fé; a outro, pelo único Espírito, dons de curar; [10] a outro, poder para operar milagres; a outro, profecia; a outro, discernimento de espíritos; a outro, variedade de línguas; e ainda a outro, interpretação de línguas. [11] Entretanto, o mesmo e único Espírito realiza todas essas ações, e Ele as *distribui individualmente, a cada pessoa, conforme deseja.*"

Cada um desses noves dons é uma manifestação diferente do mesmo Espírito. Todo crente tem pelo menos um dom, distribuído por Deus conforme O agrada. *Esses dons são distribuídos para edificar o Corpo de Cristo em amor.*

Efésios 4.16 (NVI), "Dele todo o corpo, ajustado e unido pelo auxílio de todas as juntas, cresce e edifica-se a si mesmo em amor, na medida em que cada parte realiza a sua função."

Um crente deve exercitar a fé usando seu dom, porque os dons estão inicialmente sem desenvolvimento e precisam ser exercitados para crescer e amadurecer com o tempo. O objetivo, no entanto, não é que estejamos autocentrados no que diz respeito aos nossos dons, mas sim que honremos a Jesus Cristo e andemos em suas pegadas com humildade e serviço.

Como posso receber o Batismo no Espírito Santo?

Eu era um adolescente quando recebi o batismo no Espírito Santo, no dia 16 de Maio de 1976. Aconteceu antes do culto começar. Havia um casal visitando nossa igreja naquele fim de semana, um Evangelista e sua esposa. Enquanto a Irmã Stella Eilerd tocava alguma música devocional no órgão, antes do início do culto, estávamos todos em oração, preparando nossos corações para adorar e para receber a Palavra de Deus naquela manhã, e então eu recebi o batismo no Espírito Santo. Espontaneamente, comecei a falar em línguas. Foi como se existisse uma fonte de águas vivas jorrando de dentro de mim para fora. Eu fui tomado pelo Espírito. Não foi uma experiência perturbadora ou incômoda. Foi algo maravilhoso. O Senhor estava lá. Ainda que eu não houvesse sido batizado nas águas antes de receber o Espírito, logo depois eu fui batizado.

Minha oração é para que você também receba essa promessa maravilhosa do Pai. Quero compartilhar com você as maneiras pelas quais eu acredito que você pode receber o batismo no Espírito Santo. Lembre-se: essa promessa é pra você, que acredita e foi batizado.

1. Peça ao Senhor que te batize com o Espírito Santo

A primeira coisa que eu te encorajo a fazer é pedir o Pai pelo Seu Espírito. Ele prometeu o Espírito Santo àqueles que creem. Creia e receba a promessa!

> **Lucas 11.13 (KJA)**, "Ora, se vós, apesar de serdes maus, sabeis dar o que é bom aos vossos filhos, *quanto mais o Pai que está nos céus dará o Espírito Santo àqueles que lho pedirem!*"

Assim como nesta passagem Jesus nos encoraja a pedir, vamos pedir a Ele pelo batismo no Espírito Santo, e crer que você receberá essa promessa do Pai.

> **Hebreus 11.6 (KJA)**, "Em verdade, sem fé é impossível agradar a Deus; portanto, para *qualquer pessoa que dele se aproxima é indispensável crer que Ele é real e que recompensa todos quantos se consagram a Ele.*"

Quando nos aproximamos de Deus, devemos ter fé em nossos corações de que Ele irá nos ouvir, e nos responder, e nos recompensar com o Batismo no Espírito Santo, então peça ao Senhor que cumpra sua promessa para você, como crente, e você receberá o Dom que o Pai prometeu.

> **Atos 2.38-39 (KJA)**, "Orientou-lhes Pedro: "*Arrependei-vos e cada um de vós seja batizado em o nome de Jesus Cristo* para o perdão de vossos pecados; e *recebereis o dom do Espírito Santo.* [39] Porquanto *a promessa pertence a vós, a vossos filhos e a todos os que estão distantes. Enfim, para todos quantos o Senhor, nosso Deus, chamar!*"

2. Beba da Fonte de Águas Vivas

A segunda coisa que eu te encorajo a fazer é se apresentar a Deus com uma expectativa, fome e sede pela Água Viva do Seu Espírito. Jesus, em certa ocasião, falou sobre o Espírito Santo, e comparou Sua presença dentro de nós a termos uma fonte de águas vivas em nosso interior.

> **João 7.37-39 (KJA)**, "No último dia, o mais solene dia da festa, Jesus colocou-se em pé e clamou em pranto: '*Se alguém tem sede, deixai-o vir a mim para que beba.* [38] *Aquele que crê em mim*, como diz a Escritura, *do seu interior fluirão rios de água viva.*' [39] Mas *Ele se referiu ao Espírito que, mais tarde, receberiam os que nele cressem*; pois o Espírito Santo até aquele momento não fora concedido, porque Jesus não havia sido ainda glorificado."

Nessa passagem, Jesus nos comunica algumas coisas importantes:

1. Quando nos aproximamos do Senhor, precisamos ter sede espiritual. Ele diz no verso 37: *"Se alguém tem sede, venha a Mim e beba."* A fonte do Espírito Santo é Jesus, e ao virmos até Ele com sede, receberemos o Espírito Santo;
2. O Batismo no Espírito Santo é para os crentes. Ele diz no verso 38 *"aquele que crê em Mim,"* e novamente no verso 39 *"aqueles que Nele cressem receberiam"*. Se você sabe que é um crente, e você está sedento pela Água Viva do Espírito Santo, então sua fé será recompensada com uma fonte jorrando de dentro de você.
3. Essa passagem inteira é uma mensagem profética de que aqueles que colocam sua fé em Jesus recebem o Batismo no Espírito Santo, já que o apóstolo João nos diz que: *"o Espírito Santo ainda não havia sido concedido, porque Jesus ainda não havia sido glorificado"*.

Em certa ocasião Jesus falou com uma mulher samaritana sobre esse *"Dom de Deus"*, que sabemos que se refere ao Espírito Santo, já que ele usa linguagem e analogia similares às do discurso no último dia da festa (João 7.37). Ele usou a analogia da *"fonte de águas vivas"* e *"jorrando"* de dentro das pessoas. Ele também fez uma conexão com o crente ter "sede".

> **João 4.10 (NVI)**, "Jesus lhe respondeu: 'Se você conhecesse *o dom de Deus* e quem lhe está pedindo água, você lhe teria pedido e ele lhe teria *dado água viva*'".

> **João 4.13-14 (NVI)**, "Jesus respondeu: Quem beber desta água terá sede outra vez,[14] mas *quem beber da água que eu lhe der nunca mais terá sede. Ao contrário, a água que eu lhe der se tornará nele uma fonte de água a jorrar para a vida eterna.*"

Eu te encorajo a beber desta *"água viva"*. Se coloque em um lugar de adoração onde você feche os seus olhos, para não se distrair com outras coisas, e coloque todo o seu foco e expectativa em Jesus, Aquele que batiza com o Espírito Santo. Se você tiver *"sede"*, eu acredito que ela será saciada, quando Jesus te batizar com o Espírito Santo. Você também experimentará ter essa *fonte de águas vivas* jorrando de dentro de você pelo resto da sua vida.

3. Receba o Batismo do Espírito Santo através da imposição de mãos

Em várias ocasiões lemos no livro de Atos que os crentes receberam o Batismo no Espírito Santo pela imposição de mãos. Nem sempre acontece assim, mas podemos ver que certamente o batismo no Espírito Santo foi recebido através deste meio diversas vezes. Através dos anos, eu mesmo vi muitas pessoas receberem o Espírito através da imposição de mãos. Na próxima parte do curso, iremos observar mais de perto essa "imposição de mãos". Vemos que Pedro e João colocaram suas mãos sobre os crentes em Samaria, e eles receberam o Espírito Santo. Também vemos o apóstolo Paulo impondo suas mãos sobre os crentes em Éfeso, e eles recebendo o batismo no Espírito Santo.

> Atos 8.17 (KJA), "Sendo assim, à medida em que Pedro e João lhes impunham as mãos, recebiam estes o Espírito Santo."

> Atos 19.6 (KJA), "Quando Paulo lhes impôs as mãos, veio sobre eles o Espírito Santo e começaram a falar em línguas e a profetizar."

Como já mencionado anteriormente, eu recebi o Espírito Santo antes do começo de um culto, durante um tempo de adoração em que meu coração estava entregue para se preparar para louvar e receber a Palavra. Temos exemplos, como aconteceu com Pedro na casa de Cornélio, que enquanto ele ainda falava, as pessoas receberam o batismo no Espírito Santo.

4. Receba o batismo no Espírito Santo enquanto adora e ora

A oração e a adoração são duas das atmosferas mais poderosas nas quais você pode se colocar para receber o batismo no Espírito Santo. Coloque musica de adoração, ou vá a algum ajuntamento de crentes onde música de adoração ou devocional é tocada ou cantada, e enquanto você está adorando, creia que o Senhor vai te encher com a *"água viva"*.

Eu ouvi de muitos crentes que receberam o Espírito Santo enquanto oravam. De fato, no dia de Pentecostes, os Discípulos estavam juntos, "em comum acordo", e enquanto eles estavam nesse lugar de unidade espiritual, possivelmente orando, eles receberam o batismo no Espírito Santo. Atos 2 verso 2 diz que eles estavam "sentados", uma posição de humildade e submissão na presença do Senhor.

> Atos 1.14 (KJA), *"Todos estes, perseveravam unânimes em oração,* juntamente com as mulheres, com Maria, mãe de Jesus, e com os irmãos dele."

> Atos 2.1 (KJA), "E ao completar-se o dia de Pentecoste, *estavam todos reunidos num só lugar.*"

> Atos 2.2 (KJA), "De repente, veio do céu um barulho, semelhante a um vento soprando muito forte, e esse som tomou conta de toda a Casa onde *estavam assentados.*"

Acredito que estar numa atmosfera impregnada com orações e adoração, te colocará em uma posição favorável para receber o batismo no Espírito Santo.

O que irá acontecer com você?

1. Pode ser que você comece a falar em línguas.

2. Pode ser que você seja tomado por emoções ao ser cheio pelo Espírito Santo. Não é uma emoção de tristeza, mas de alegria e espanto.
3. Pode ser que você comece a profetizar com ousadia, transmitindo a Palavra de Deus para outras pessoas, de forma diferente da que você normalmente agiria.
4. Pode ser que você comece a cantar uma nova canção de louvor e exaltação ao Senhor. Não será incômodo, já que esta é uma sensação de que algo veio à existência dentro de você e começou a jorrar para fora. Você terá a experiência verdadeira de sentir as águas vivas fluindo do seu interior.
5. Pode ser que você sinta uma alegria abundante e euforia ao ser submerso no Poder do Espírito Santo.

Eu oro para que você também veja esta maravilhosa promessa do Pai se cumprindo em sua vida.

EXERCÍCIOS DE FIXAÇÃO
BATISMOS

1. Complete a frase: *O primeiro batismo, é o batismo no **Corpo** de Cristo.*

2. Complete a frase: *"Quer crer e for **batizado** será salvo".*

3. Qual promessa do Pai Pedro apresentou àqueles que se arrependeram e foram batizados, de acordo com Atos 2.37-38?
   Pedro disse ao povo que eles receberiam o Batismo do Espírito Santo.

4. Complete a frase: *O método bíblico de batismo é por **imergir**.*

5. O que acontece quando somos batizados, de acordo com Romanos 6?

    1. Dentro da água, fala de **morte** para si mesmo.
    2. Fora da água, fala de **ressurreição** para uma nova vida, e **revestiram** um com Cristo.

PARTE V
IMPOSIÇÃO DE MÃOS

5

IMPOSIÇÃO DE MÃOS

A imposição de mãos é algo de extrema importância para estabelecer a nova vida do crente. Deus é Poderoso e Seu Poder e Autoridade são supremos, ainda assim, uma das coisas maravilhosas a respeito Dele é que Ele escolhe pessoas para falar e ministrar aos outros. A imposição de mãos é um ministério que acontece quando Deus toca vidas através dos seus servos comissionados. Ele designa certas pessoas para propósitos específicos: promover reconciliação, curar os doentes, conceder dons, especialmente o Dom do Espírito Santo.

Ao longo do Velho Testamento vemos que a *imposição de mãos era praticada na delegação das pessoas para o serviço e o propósito Divino.* Em todas as ocasiões, a *imposição de mãos veio de uma instrução direta de Deus*, e portanto deveria sempre ser confirmada e honrada como uma prática da Igreja.

Vamos tomar por exemplo Números 27, quando Deus disse a Moises que designasse Josué como seu sucessor. Vemos que a instrução veio do Senhor.

> **Números 27.18-20 (KJA)**, *"Então replicou Yahweh a Moisés: "Toma Josué bin Nun, filho de Num, homem capacitado pelo Espírito que nele está. Tu imporás tuas <u>mãos</u> sobre ele.* [19] *Logo depois traze-o para diante de Eleazar, o sacerdote, e perante toda a comunidade israelita, e dá-lhe, à vista de todos, as tuas ordens.* [20] *E transmita-lhe uma parte da tua <u>autoridade</u>, a fim de que toda a assembléia dos filhos de Israel lhe obedeça."*
>
> **Números 27.23 (KJA)**, *"impôs-lhe as <u>mãos</u> e transmitiu-lhe as suas ordens, tudo de acordo com o que <u>o Senhor</u> comunicara por intermédio de Moisés."*
>
> **Deuteronômio 34.9 (KJA)**, *"Contudo, Josué, filho de Num, estava cheio do Espírito de <u>sabedoria</u>, porque Moisés havia imposto suas <u>mãos</u> sobre ele; e, portanto, os filhos de Israel lhe deram ouvidos e fizeram tudo conforme o SENHOR ordenara a Moisés."*

Podemos aprender com essa "imposição de mãos", que Josué havia sido designado e recebido autoridade e "espírito de sabedoria". Vemos que o versículo por inteiro confirma que a instrução veio do Senhor, e a "imposição de mãos" aconteceu "perante toda a <u>congregação</u>" Também aprendemos nessa passagem que a congregação "dava ouvidos" e "obedecia" a esses líderes. Essa é uma Ordem Divina e deve, portanto, ser observada. 1. Debaixo da instrução direta do Senhor, e 2. Na presença de toda a congregação, que vai 3. Aderir com um coração bem disposto as instruções como vindas do próprio Deus. É claro que alguns fizeram mau uso dessa Designação Divina, ainda assim, somos chamados a colocá-la como um fundamento em nossa fé.

Essa prática era fortemente defendida e respeitada na Igreja Primitiva, e deveria ser igualmente apoiada na igreja e entre os fiéis hoje. Quando a Igreja Primitiva elegeu Diáconos cheios do Espírito para ajudar no ministério servindo as mesas, os apóstolos impuseram suas mãos sobre eles, e os designaram para aquele propósito na presença de toda a igreja.

> **Atos 6.3-6 (KJA)**, "Portanto, irmãos, escolhei dentre vós Sete homens de bom testemunho, cheios do Espírito e de sabedoria, *aos quais encarregaremos deste ministério*.[4] Quanto a nós, nos devotaremos à oração e ao ministério da Palavra. [5] Tal proposta agradou a todos. *Então, escolheram Estêvão, homem cheio de fé e do Espírito Santo, além de Filipe, Próchoro, Nicanor, Timom, Pármenas e Nicolau*, um convertido ao judaísmo, proveniente de Antioquia. [6] *Apresentaram-nos diante dos apóstolos, os quais oraram e lhes impuseram as mãos.*"

Temos este outro exemplo da Igreja de Antioquia, quando o Espírito Santo separou Barnabé e Saulo (o apóstolo Paulo) para uma missão específica, e vemos novamente, depois de orarem e jejuarem, os líderes da igreja que estavam presentes, sob a instrução do Espírito Santo, os designaram com a imposição de mãos.

> **Atos 13.1-3 (KJA)**, "Na Igreja em Antioquia havia *profetas e mestres*: Barnabé, Simeão, conhecido por seu segundo nome, Níger, Lúcio de Cirene, Manaém que era irmão de criação de Herodes, o governador, e Saulo. [2] *Enquanto serviam, adoravam e jejuavam ao Senhor, o Espírito Santo lhes ordenou: 'Separai-me, agora, Barnabé e Saulo para a missão a qual os tenho chamado'.[3] Diante disso, depois que jejuaram e oraram, lhes impuseram as mãos e os enviaram.*"

Nessa "*imposição de mãos*" que foi honrada e respeitada pela Igreja Primitiva, tanto pelas pessoas que eram "comissionadas" e "ungidas" para seus "chamados celestiais" e serviço, e por aqueles que observavam a "imposição de mãos". Esses homens e mulheres eram considerados dignos de muito respeito, já que o Senhor os havia separado através da "imposição de mãos" para a Sua obra.

> **1 Tessalonicenses 5.12-13 (NVI)**, "Agora lhes pedimos, irmãos, *que tenham consideração para com os que se esforçam no trabalho entre vocês, que os lideram no Senhor e os aconselham.*[13] *Tenham-nos na mais alta estima, com amor, por causa do trabalho deles.* Vivam em paz uns com os outros."
>
> **Hebreus 13.17 (NVI)**, "*Obedeçam aos seus líderes e submetam-se à autoridade deles.* Eles cuidam de vocês como quem deve prestar contas. *Obedeçam-lhes, para que o trabalho deles seja uma alegria* e não um peso, pois isso não seria proveitoso para vocês."

O fundamento da "imposição de <u>mãos</u>" e sustentar isso em novas vidas é portanto, em certo sentido, honrar o ato do Senhor de escolher homens e mulheres para cuidar dos assuntos da igreja, e honrar a "<u>unção</u>" que vem como um resultado dessa "imposição de mãos". Mostramos que valorizamos este fundamento em nossas vidas quando honramos aqueles que Deus separou para propósitos específicos e sobre quem as mãos foram impostas na presença de Deus e da congregação. Sem valorizar este fundamento, não vamos valorizar a designação de alguns para propósitos específicos, e nem sua nomeação para estarem acima de nós. Ao valorizarmos o fundamento da "imposição de mãos" veem tanto o respeito por aquelas pessoas indicadas, quanto pela posição à qual foram atribuídas por Deus.

Tenha cuidado para não impor as mãos sobre as pessoas <u>rápido</u> demais!

Na designação dos Anciãos, e acredito que em qualquer nomeação na Igreja, temos que tomar o cuidado de não nos precipitarmos ao "impor as mãos sobre as pessoas", mas deixar primeiro que elas provem quem são através de suas vidas piedosas e se mostrem dignas de receber a "imposição de mãos" para o serviço do Senhor.

> 1 Timóteo 5.22 (KJA), "*Não imponhas as mãos precipitadamente sobre alguém*, nem participes dos pecados dos outros; conserva-te, pois, em pureza de vida."

Desejo te exortar a dar o devido valor à "imposição de mãos" como algo que deve ser feito com cuidado e estritamente sob a instrução e orientação do Senhor, desde que essa é, em última instância, Sua concessão de poder e autorizada que tornam tal ação legítima. Faça isso debaixo da Sua instrução e orientação.

Perdão de <u>pecados</u> veio através da imposição de mãos.

Um outro exemplo da "imposição de mãos" vem da instrução do Senhor aos sacerdotes, a quem Ele orientou a impor as mãos sobre as diversas ofertas, a fim de recebê-las no lugar Dele, e para imputar sobre aqueles animais os pecados e ofensas das pessoas. A imposição de mãos era o ato pelo qual essa transferência acontecia.

> Levíticos 1.4 (KJA), "*Porá a mão sobre a cabeça do animal do holocausto para que seja aceito como propiciação em seu lugar.*"

Nesta e em outras passagens do livro de Levíticos, vemos que o perdão viria quando o sacerdote conferisse o pecado do pecador confesso, através da imposição de mãos, à oferta apresentada ao sacerdote, e portanto, a Deus.

<u>Cura</u> veio através da imposição de mãos

No Novo Testamento vemos que Cristo impôs suas mãos sobre os doentes e eles foram curados.

> Lucas 4.40 (NVI), "Ao pôr-do-sol, o povo trouxe a Jesus todos os que tinham vários tipos de doenças; e *ele os curou, impondo as mãos sobre cada um deles.*"

Jesus encorajou e instruiu aos crentes para que impusessem suas mãos sobre os doentes a fim de que eles se recuperassem.

> **Marcos 16.18 (KJA)**, "Pegarão serpentes com as mãos; e, se algo mortífero beberem, de modo nenhum lhes fará mal, *sobre os enfermos imporão as mãos e eles serão curados!*"

Dons espirituais são concedidos através da Imposição de Mãos

A Igreja Primitiva conferiu um alto valor à imposição de mãos dos apóstolos sobre ela. Esse ato era respeitado e recebido como se fosse o próprio Deus impondo Suas Mãos. A imposição de mãos era e é uma ferramenta poderosa nas mãos de Deus para trazer cura, conceder dons espirituais, e para separar pessoas para o serviço ao Senhor.

> **Atos 8.17-19 (KJA)**, "Sendo assim, à medida em que *Pedro e João lhes impunham as mãos, recebiam estes o Espírito Santo.* [18] Observando Simão que o Espírito era concedido por meio da imposição das mãos dos apóstolos, ofereceu-lhes dinheiro, [19] propondo: 'Dai-me também a mim este poder, para que a quem eu impuser as mãos, ganhe o Espírito Santo!'"

> **2 Timóteo 1.6 (KJA)**, "Por esse motivo, uma vez mais *quero encorajar-te que reavives o dom de Deus que habita em ti mediante a imposição das minhas mãos.*"

O uso da "*imposição de mãos*" é, portanto algo a ser *tratado com o maior respeito e reverência*. Nós, no lugar de Deus, e sob Sua instrução, impomos nossas mãos sobre as pessoas para conceder bênçãos, cura ou algum dom espiritual, ou poder. Esse ato precisa ser praticado com cuidado e consideração. Por outro lado, demonstramos o valor que damos ao ato de Deus de escolher servos, ao honrarmos e obedecermos aqueles que administram a "imposição de mãos", em Seu lugar.

EXERCÍCIOS DE FIXAÇÃO
IMPOSIÇÃO DE MÃOS

1. Complete a frase: *A imposição de mãos era praticada na nomeação de pessoas para o serviço e os propósitos* **_divinos_**.

2. Complete a frase: *A imposição de mãos veio através de uma instrução direta do* **_Senhor_**.

3. Nomeie duas bênçãos que vieram sobre Josué como um resultado da imposição de mãos de Moisés sobre ele, de acordo com Números 27 e Deuteronômio 34.
   Josué recebeu o espírito de Sabedoria e recebeu a mesma Autoridade que repousava sobre Moisés.

4. Onde a imposição de mãos deve acontecer? _A imposição das mãos deve ocorrer na presença do Senhor e da Congregação._

5. Dê dois exemplos do Novo Testamento de onde a imposição de mãos aconteceu para designar pessoas para a obra de Deus: _Temos o exemplo de quando Paulo e Barnabé foram enviados pela Igreja em Antioquia, e temos o exemplo de quando os apóstolos impuseram as mãos sobre os diáconos, que foram escolhidos pela congregação, para servir como diáconos._

6. Lucas 4.40 nos dá um exemplo de alguns dons espirituais que operam através da imposição de mãos. Quais dons espirituais você vê sendo usados? *Jesus impôs Suas mãos sobre os enfermos, e eles receberam sua cura. O Dom da Cura operava aqui.*

7. Atos 8.17-19 nos dá um outro exemplo de alguns dons espirituais que operam através da imposição de mãos. O que aconteceu com os crentes através da imposição de mãos nessa passagem? *Vemos que eles receberam o Batismo do Espírito Santo pela imposição das mãos.*

PARTE VI
RESSURREIÇÃO DOS MORTOS

6

RESSURREIÇÃO DOS MORTOS

A ressurreição dos mortos é um importante constituinte de nossa fé em Cristo. Ao abraçarmos essa verdade, sobre a ressurreição, abraçamos o fato de que 1. Cristo se levantou de dentre os mortos, como Ele disse que faria, e 2. Nós também ressuscitaremos, seja para a vida, ou para a morte eterna.

Tendo em vista que Cristo ressuscitou dos <u>mortos</u>, Abraçamos a ressurreição dos mortos.

Este é um ensino essencial que nós, enquanto crentes, precisamos aprender "**ressurreição dos mortos**". O Evangelho por inteiro se articula sobre o fato de **Jesus ter ressuscitado dos mortos**. Ele está vivo, e através Dele, podemos receber a vida eterna.

1 Coríntios 15.20-21 (NVI), "*Mas de fato Cristo ressuscitou dentre os mortos, sendo ele as primícias dentre aqueles que dormiram. [21] Visto que a morte veio por meio de um só homem, também a ressurreição dos mortos veio por meio de um só homem.*"

Uma vez que Cristo ressuscitou dos mortos, nosso novo **nascimento** está garantido e confirmado. Há uma conexão direta entre a ressurreição de Cristo e nosso Novo Nascimento. Sua ressurreição nos fornece uma Esperança viva de nosso Novo Nascimento.

> 1 Pedro 1.3 (NVI), *"Bendito seja o Deus e Pai de nosso Senhor Jesus Cristo! Conforme a sua grande misericórdia,* **ele nos regenerou para uma esperança viva,** *por meio da* **ressurreição de Jesus Cristo dentre os mortos,"**

> **Tendo em vista que Cristo ressuscitou dos mortos, Nós também ressuscitaremos para a vida eterna.**

Todo crente deveria viver dia após dia com essa esperança eterna em seu coração, que se Cristo ressuscitou dos mortos, nós também ressuscitaremos para a vida eterna. Quando Ele voltar, virá para nos buscar, a Seus filhos, para estarmos com Ele na Eternidade. Devemos viver com essa esperança eterna em nossos corações.

> 1 Tessalonicenses 4.16 (NVI), "Pois, dada a ordem, com a voz do arcanjo e o ressoar da trombeta de Deus, o próprio Senhor descerá dos céus, e **os mortos em Cristo ressuscitarão primeiro.**"

Todo crente guarda essa esperança em seu coração, que nós, que estamos em Cristo, ressuscitaremos. Também experimentaremos o Poder da Ressurreição quando El voltar.

Ao reconhecer a Ressurreição dos Mortos, Reconhecemos a Vida eterna.

Cristo veio para dar a todo aquele que Nele crê a vida eterna. A essência da vida eterna é esta: mesmo se morrermos antes da Sua Segunda Vinda, nos levantaremos de dentre os mortos. Existe vida após a morte.

João 3.14-16 (KJA), "Assim como Moisés levantou a serpente no deserto, desse mesmo modo é necessário que o Filho do homem seja levantado,[15] para que *todo o que nele crê não pereça, mas tenha a vida eterna.* [16] Porque Deus amou o mundo de tal maneira que deu o seu Filho Unigênito, para que *todo aquele que nele <u>crê</u> não pereça, mas tenha a vida eterna.*"

1 Coríntios 15.12-14 (NVI), "*Ora, se está sendo pregado que Cristo ressuscitou dentre os mortos, como alguns de vocês estão dizendo que não existe ressurreição dos mortos?[13] Se não há ressurreição dos mortos, nem Cristo ressuscitou;[14] e, se Cristo não ressuscitou, é inútil a nossa pregação, como também é inútil a fé que vocês têm.*"

Deus nos amou tanto que enviou Seu Filho, Jesus Cristo, para morrer na Cruz a fim de que pudéssemos ter a vida eterna, através da fé Nele. A vida que vivemos hoje tem consequências eternas das quais precisamos estar cientes. Ao recebermos Jesus Cristo, recebemos a ressurreição dos mortos, o que significa que nos comprometemos a viver estar vida te tal forma que poderemos ficar de pé diante do Trono um dia, e sermos contados entre os que Ele estará satisfeito em ver.

Ao reconhecermos a Ressurreição dos Mortos, Reconhecemos a <u>Segunda</u> Vinda de Cristo

Jesus vai voltar, e nós, como crentes, devemos viver como aqueles que aguardam ansiosamente por estar diante Dele um dia para prestarmos contas da nossa vida na terra. Nós seremos indesculpáveis naquele dia, já que Cristo pagou um alto preço para preparar o caminho para nós rumo à vida eterna.

Mateus 25.31-32 (KJA), "*Quando o Filho do homem vier em sua glória, com todos os anjos, então, se assentará em seu <u>Trono</u> na* *glória nos céus. [32] Todas as nações serão reunidas diante dele, e Ele irá separar umas das outras, como o pastor separa os bodes das ovelhas."*

Mateus 25.34 (KJA), *"Então, dirá o Rei a **todos que estiverem à sua direita**: 'Vinde, abençoados de meu Pai! Recebei como herança o Reino, o qual vos foi preparado desde a fundação do mundo.'"*

Mateus 25.41 (KJA), *"Mas o Rei ordenará aos **que estiverem à sua esquerda**: 'Malditos! Apartai-vos de mim. Ide para o <u>fogo</u> eterno, preparado para o Diabo e os seus anjos.'"*

Mateus 25.46 (KJA), *"Sendo assim, estes irão para o <u>sofrimento</u> eterno, porém os <u>justos</u>, para a vida eterna".*

Quais são os pontos fundamentais para entendermos e avaliarmos?

O ponto principal é que a maneira como vivemos nossa vida tem consequências eternas. **Nós ressuscitaremos dos mortos, sejamos nós crentes ou não.** Os crentes se levantarão para a <u>vida</u> eterna e os ímpios para a <u>condenação</u> eterna. Isso nos conduz à nossa próxima sessão, sobre o Juízo Eterno.

2 Pedro 3.10-14 (NVI), *"O dia do Senhor, porém, virá como ladrão. Os céus desaparecerão com um grande estrondo, os elementos serão desfeitos pelo calor, e a terra, e tudo o que nela há, será desnudada.[11] Visto que tudo será assim desfeito, que tipo de pessoas é necessário que vocês sejam? Vivam de maneira santa e piedosa,[12] esperando o dia de Deus e apressando a sua vinda. Naquele dia os céus serão desfeitos pelo fogo, e os elementos se derreterão pelo calor.[13] Todavia, de acordo com a sua promessa, esperamos novos céus e nova terra, onde habita a* justiça.*[14] Portanto, amados, enquanto esperam estas coisas, empenhem-se para serem encontrados por ele em paz, imaculados e inculpáveis."*

EXERCÍCIOS DE FIXAÇÃO
RESSURREIÇÃO DOS MORTOS

1. Complete a frase: *Ao reconhecermos a ressurreição dos mortos, reconhecemos o fato de que **Cristo** foi o primeiro a ressuscitar dos **mortos**.*

2. Complete a frase: 1 Coríntios 15.20-21 (NVI) diz: " *Mas de fato Cristo **ressuscitou** dos mortos, sendo ele as **primícias** dentre aqueles que dormiram. [21] Visto que a morte veio por meio de um só homem, também a ressurreição dos mortos **veio** por meio de um só homem.*"

3. Complete a frase: *Tendo Cristo ressuscitado dos mortos, **nós** também ressuscitaremos dos mortos para **a vida eterna**.*

4. Complete a frase: *Ao reconhecermos a Ressurreição dos mortos, reconhecemos a **Segunda Vinda** de Cristo.*

5. Quem irá ressuscitar dos mortos? *Os mortos em Cristo ressuscitarão, quando Jesus voltar.*

6. Considere 2 Pedro 3:10-14 por um momento.
    Que tipo de vida precisamos viver se esperamos Sua Segunda Vinda?

Precisamos viver uma vida santa e piedosa. Precisamos viver vidas que sejam irrepreensíveis, imaculadas e em paz com Ele.

PARTE VII
JUÍZO ETERNO

PARTE VII.

JUÍZO ETERNO.

7
JUÍZO ETERNO

A Igreja Primitiva considerava este um fundamento firme e essencial para estabelecer a vida diária de cada crente: *a consciência das <u>consequências</u> eternas*. **A recompensa pelos nossos pecados deveria ser a morte de cruz.** Cristo tornou possível que escapássemos do juízo eterno ao crer Nele, contudo, essa fé deveria refletir na maneira como valorizamos Sua propiciação pelos nossos pecados. A vida que hoje vivemos deveria ser coerente com nossa gratidão eterna.

> **João 3.16 (NVI)**, *"Porque Deus tanto amou o mundo que deu o seu Filho Unigênito, para que **todo o que nele crer não pereça, mas tenha a vida eterna.**"*

> **Romanos 14.10 (NVI)**, *"Portanto, você, por que julga seu irmão? E por que despreza seu irmão? Pois <u>todos</u> **compareceremos diante do tribunal de Deus.**"*

Como pessoas que se apresentarão diante do Senhor, todo crente deveria ter em seu coração a seguinte atitude:

1. Precisamos viver com uma consciência <u>diárias</u> de que ao fim das nossas vidas <u>iremos</u> comparecer diante do Trono de Deus, e prestar contas sobre <u>nós mesmos</u> a Ele.

> Romanos 14.12 (NVI), *"Assim, <u>cada um</u> de nós prestará contas de si mesmo a Deus."*

Algumas vezes as pessoas se <u>esquecem</u> que todos nós daremos conta de <u>nós mesmos</u> a Deus. Muitas pessoas vivem como se estivessem acima da prestação de contas. Lembre-se de que foi Deus quem nos avisou sobre esse dia de prestação de contas. Quando nos armamos com essa atenção plena ao juízo eterno, iremos constantemente ajustar e considerar nossos caminhos mediante a visão de comparecer perante o Rei. Não devemos encarar isso apenas pelo ponto de vista negativo, mas também por uma perspectiva positiva. Tenho certeza de que você também vive para agradar Àquele que te salvou. Eu quero estar diante Dele e ouvir aquelas palavras reconfortantes: *"Bem vindo ao lar, e bom trabalho, servo bom e <u>fiel</u>!"* Que vivamos com essa expectativa eterna em nossos corações: da nossa justa recompensa.

2. Temos que <u>viver</u> nossas vidas como aqueles que <u>terão</u> que dar contas de suas ações.

O fato é este: *nossas palavras e <u>ações</u> são importantes e têm um impacto em como vamos passar a <u>eternidade</u>*. Uma das constantes e consistentes mensagens do Senhor Jesus aos seus discípulos, e então dos apóstolos aos crentes nas diversas Igrejas, foi a mensagem de que a nossa fé e as nossas obras precisam ser coerentes entre si.

Jesus certo dia falou a alguns Escribas e Fariseus sobre essa coerência entre o que as pessoas professam e o fruto que produzem com suas vidas. Ele fez uma comparação direta conosco. Ele disse: "(KJA) *uma árvore é conhecida por seu <u>fruto</u>*", e então *"Como podeis falar coisas boas sendo maus? Pois a boca fala do que está cheio o <u>coração</u>."*

Essas palavras os desafiaram a reconsiderar seus caminhos, e igualmente nos desafia. Estamos expostos publicamente todos os dias. Nossas vidas contam uma história. Ele foi adiante e chegou ao ponto crucial desta mensagem, ao nos dizer que daremos conta "*de cada palavra fútil*" que falamos "*no dia do Julgamento*".

Mateus 12.36-37 (KJA), "Por isso, vos afirmo que *de toda a palavra fútil que as pessoas disserem, dela deverão prestar conta no Dia do Juízo*. [37] Porque pelas tuas <u>palavras</u> serás absolvido e pelas tuas <u>palavras</u> serás condenado".

Como crentes, nossas palavras deveriam ser <u>consideradas</u> antes de sair de nossas bocas. Que o Senhor te ajude a deixar de lado a linguagem do mundo. Eu tenho visto ao longo dos anos que a linguagem dos novos convertidos se torna um dos primeiros sinais diante de seus amigos não-crentes de que as coisas mudaram. Vemos que a malícia e os palavrões desaparecem, a negatividade é substituída pela positividade, a mentira e o engano são trocados por honestidade, respeito e bondade. Que este seja o seu testemunho também.

Tiago 2.21-24 (NVI), "Não foi Abraão, nosso antepassado, justificado por obras, quando ofereceu seu filho Isaque sobre o altar?[22] *Você pode ver que tanto a fé como as obras estavam atuando juntas*, e a fé foi aperfeiçoada *pelas* <u>*obras*</u>.[23] Cumpriu-se assim a Escritura que diz: 'Abraão creu em Deus, e isso lhe foi creditado como justiça', e ele foi chamado amigo de Deus.[24] *Vejam que uma pessoa é justificada por* <u>*obras*</u>, *e* <u>*não*</u> *apenas pela fé.*"

Tiago 2.12 (KJA), "<u>*Falar*</u> *e* <u>*procedei*</u> *com todos, como quem haverá de ser julgado* pela lei da liberdade;"

Colossenses 4.5-6 (NVI), "<u>*Andai com sabedoria para om os que estão de fora*</u>, remindo o tempo. [6] *A vossa palavra seja sempre agradável*, temperada som sal para que saibais como vos convém responder a cada um.

Vamos explorar um pouco mais as coisas das quais devemos nos revestir como crentes em outra sessão, mas por agora é importante agregar ao nosso DNA espiritual a consciência de que nossas ações, obras e palavras falam da mudança que Cristo trouxe e traz testemunho da extensão da Sua Graça sobre nós. O fruto das nossas vidas testemunha a vida de Cristo em nós. Que essa vida transformada frutifique para a eternidade.

3. Precisamos ser servos fieis, fazendo o que Deus nos chamou para fazer

Certo dia Jesus contou aos seus discípulos uma parábola sobre Mordomia. Ele contou que um certo mestre entregou aos seus servos talentos para serem usados. Depois de muito tempo, ele retornou e exigiu que cada um deles desse contas dos talentos que haviam recebido. Quando você lê essa parábola em Mateus 25, logo nota a mensagem de Jesus, exigindo que nós usemos nossos talentos e produzamos uma colheita. Que o Senhor garanta que eu e você usemos nossos talentos em sua máxima capacidade, para que multipliquemos e produzamos uma grande colheita para quando Ele voltar.

> Mateus 25.20-21 (KJA), "Então, o servo que recebera cinco talentos se aproximou do seu senhor e lhe entregou mais cinco talentos, informando: 'O senhor me confiou cinco talentos; eis aqui mais cinco talentos que ganhei'.[21] Respondeu-lhe o senhor: '*Muito bem, servo bom e fiel! Foste fiel no pouco, muito confiarei em tuas mãos para administrar. Entra e participa da alegria do teu senhor!*'"

Eu desejo comparecer perante o Senhor e ouvir estas palavras: "*Muito bem, servo bom e fiel.*"

Efésios 2.10 (KJA), "Pois somos criação de Deus, realizada em Cristo Jesus para vivermos em boas obras, as quais Deus preparou no passado para que nós as praticássemos hoje."

1 Pedro 4.10-11 (KJA), "*Servi uns aos outros de acordo com o dom que cada um recebeu, como bons administradores da multiforme graça de Deus.* [11]Se algum irmão prega, fale como quem comunica a Palavra de Deus; se alguém serve, sirva conforme a força que Deus provê, de maneira que em todas as atitudes Deus seja glorificado mediante Jesus Cristo, a quem pertencem a glória e o pleno domínio por toda a eternidade. Amém!"

A razão pela qual eu enfatizo tanto este aspecto, é para que construamos uma fundação sólida em nossas vidas espirituais, que nos conduzirá àquele Dia quando compareceremos diante Dele, para que o façamos com alegria e não com vergonha.

4. O Juízo Eterno traz também recompensas eternas

O Deus que servimos gosta de dar recompensas e recompensar Seus filhos. Quando Ele voltar, Ele voltará trazendo Sua recompensa Consigo. *O Juízo Eterno não deve ser visto apenas como um lugar de contagem de pontos negativos, mas sim como um lugar onde nossas vidas, nossas ações e obras, serão avaliadas e receberemos nossas justa recompensa.* Existem servos de Deus incríveis, alguns que já morreram, que suportaram muitas coisas por amor ao Evangelho. Esse Dia será um dia no qual todos receberemos nossas recompensas.

Apocalipse 22.12 (KJA), "Eis que venho sem demora! E trago comigo o galardão que tenho para premiar a todos segundo as suas obras."

1 Coríntios 3.8 (KJA), "O que planta e o que rega ministram de acordo com um propósito, e cada um será recompensado segundo o seu próprio trabalho."

1 Coríntios 3.12-14 (KJA), "Se alguma pessoa edifica sobre esse alicerce utilizando ouro, prata, pedras preciosas, madeira, feno ou palha, [13] sua obra será manifesta, porquanto o Dia a trará à luz; pois será revelada pelo fogo, que provará a qualidade da obra de cada um. [14] Se a obra que alguém construiu perseverar, este receberá sua recompensa."

Viva sempre com este ponto de referência dentro de você. Jesus está voltando, e dessa vez Ele está vindo para recompensar os fiéis, os humildes, os perseverantes, e aqueles que verdadeiramente creram Nele e em Sua Palavra. Que você também seja contado entre estes que receberão sua justa recompensa por viverem em retidão.

EXERCÍCIOS DE FIXAÇÃO
JUÍZO ETERNO

1. Complete a frase: *A Igreja Primitiva considerava esta uma fundação firme e essencial para estabelecer a vida diária de todos os novos convertidos: a consciência de <u>consequências</u> eternas.*

2. Complete a frase: *A recompensa pelos nossos pecados deveria ser a <u>morte</u> de <u>cruz</u>.*

3. Complete a frase: *Precisamos viver com uma consciência diária de que ao fim das nossas vidas compareceremos diante do <u>**Trono de Deus**</u> e dar contas de <u>**nós mesmos**</u> a Ele.*

4. Quem prestará contas a Deus? <u>*Todos daremos contas de nós mesmos a Deus.*</u>

5. "Temos que viver nossas vidas como aqueles que prestarão de suas ações". O que isso significa para você? <u>*Significa que precisamos viver com a consciência constante de que nossos pensamentos, palavras e ações têm um impacto direto sobre como passaremos a eternidade.*</u>

6. Nossas palavras e ações têm algum efeito em como vamos passar a eternidade? <u>Sim</u>
Se sim, anote uma passagem bíblica que justifique sua resposta. <u>Mateus 12.36-37</u>.

7. É importante que nossa fé e nossas ações sejam coerentes? <u>Sim.</u>
Se sim, qual passagem bíblica descreve essa verdade? <u>Tiago 2.21-24</u>.

8. Como podemos dizer que uma pessoa nasceu de novo? <u>Sabemos que alguém nasce de novo pela maneira como fala, age e se comporta.</u>

9. Essa é uma verdade em sua vida? <u>Sim!</u>
Se sim, cite um exemplo de algo que tenha sido mudado, e que é consistentemente e visivelmente diferente em sua vida desde que você se comprometeu com Cristo. _____
_____

10. De existe uma recompensa para mordomia e vida fiéis, qual a recompensa para a desobediência e preguiça? <u>*A recompensa pela desobediência e preguiça é a condenação eterna.*</u>

PARTE VIII
CONCLUSÃO DOS SEIS PRINCÍPIOS FUNDAMENTAIS

8
CONCLUSÃO DOS SEIS PRINCÍPIOS FUNDAMENTAIS

Como você irá descobrir ao longo dos dias, semanas, meses e anos que virão, a Bíblia está cheia de verdades que reforçam estes princípios fundamentais para uma vida piedosa.

Quando observamos os ensinos de Jesus, vemos que Ele começou ensinando aos seus discípulos os Valores do Reino. Todos nós vivemos em uma determinada cultura. Cultura são os valores que aderimos em conjunto. Jesus veio para estabelecer o Reino de Deus. Todo reino tem sua própria cultura. Quando nos tornamos filhos de Deus, somos transferidos do reino deste mundo para o Reino do nosso Senhor e Salvador, Jesus Cristo. O Reino de Deus tem sua própria cultura. A primeira coisa que precisamos aprender como crentes e como seguidores de Cristo é como adotamos a cultura do Reino de Deus.

Há alguns anos atrás migramos da África do Sul para a Austrália. Foi um processo difícil, que não recomendo aos desanimados. Uma vez que nossas qualificações, verificações de saúde e autorizações policiais foram avaliadas e aceitas, obtivemos a garantia de um visto permanente para viver na Austrália, contudo, quando quisemos nos tornar cidadãos, foi exigido que aprendêssemos, adotássemos e aceitássemos os valores culturais do povo australiano. Essa é uma prática aceitável e apropriada nos reinos deste mundo, e deveria ser ainda mais para as pessoas que migram sua afeições do terreno para o celestial, do reino do mundo para o Reino de Deus. É igualmente, se não mais, importante assimilar os valores do Reino de Deus quando nos tornamos seus filhos.

Jesus começou o discipulado ensinando sobre os Valores do Reino. A razão pela qual Ele começou desse ponto, e não primeiro lançando o Fundamento da Salvação, foi porque Ele ensinou a pessoas que já haviam deixado tudo e fizeram um compromisso tangível de seguir a Ele. Ele ensinou pessoas que já haviam se comprometido.

Quando Jesus discipulou aos Seus discípulos, Ele pareceu seguir um caminho específico durante os três anos e meio que passou com eles. Os Evangelhos nos dão discernimento de partes desse processo no qual eles foram discipulados. Eu acredito que poderíamos aprender muito se estudássemos os elementos principais daquilo que Jesus ensinou aos Seus discípulos. Para mim é importante, ao desenvolver um processo bíblico de Discipulado, seguir o exemplo de Jesus tanto quanto possível, e ensinar tudo que Ele nos ensinou. Discipulado Dois irá explorar os Valores do Reino de Deus.

OUTROS LIVROS DE AUTORIA DO DR. HENDRIK J VORSTER

Plantação de igrejas - Dr Hendrik J Vorster

Plantação de igrejas - Como plantar uma igreja dinâmica

Por Dr Hendrik J Vorster

Este é um manual para aqueles que desejam plantar uma igreja discipulada. Este livro explora todos os aspectos da plantação de igrejas, e é amplamente utilizado em mais de 70 Nações em 6 Continentes.

Aqui está uma lista das áreas que são exploradas:

1. O desafio de plantar Novas Igrejas
2. Fases da Plantação de Igrejas
3. Primeira Fase da Plantação de Igrejas - A Chamada, Visão e Fase de preparação
4. O Chamado à Plantação de Igrejas
5. Doze Características de Líderes de Plantação de Igrejas

Outros Livros De Autoria Do Dr. Hendrik J Vorster

6. Terminologia de Plantação de Igrejas
7. Segunda Fase da Plantação de Igrejas - Discipulado
8. O Processo de Discipulado
9. Fase Três de Plantação de Igrejas - Congregação dos Grupos de Discipulado
10. Compreender as Finanças da Plantação de Igrejas
11. Compreender o pessoal da Igreja
12. Fase Quatro de Plantação de Igrejas - Desenvolvimento do Ministério e Fase de Lançamento da Igreja
13. Sistemas de compreensão e implementação
14. Fase Cinco de Plantação de Igrejas - Multiplicação
15. Compreender os desafios na Plantação de Igrejas 16. Como ter sucesso na Plantação de Igrejas
17. Como plantar uma igreja doméstica

Apostilas e Vídeo Ensinamentos estão disponíveis,para compra, de www.discipleshipcourses.com, nosso site:

Plantação de Igrejas Livro Prático - Dr Hendrik J Vorster

www.churchplantinginstitute.com ou em www.amazon.com-

Outros Livros De Autoria Do Dr. Hendrik J Vorster

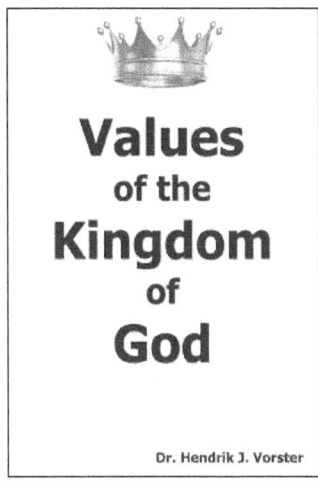

Valores do Reino de Deus - Dr Hendrik J Vorster

Valores do Reino de Deus

Por Dr. Hendrik J Vorster

Todos desejam ser conhecidos como um agradável estar por perto com o tipo de pessoa. Este livro ajuda-o a desenvolver valores para um carácter tão piedoso. Este livro explora 52 Valores do Reino de Deus.

Estes Livros estão disponíveis em: www.churchplantinginstitute.com ou em www.amazon.com

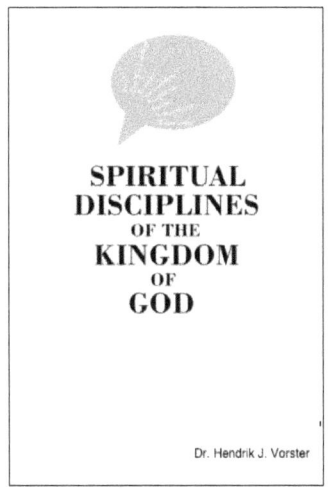

Disciplinas Espirituais do Reino de Deus - Dr Hendrik J Vorster

Disciplinas Espirituais do Reino de Deus

Por Dr. Hendrik J Vorster

Todo o crente deseja ser um ramo produtor de fruta no quintal do nosso Senhor. Desenvolver disciplinas espirituais é desenvolver raízes espirituais das quais a nossa fé pode tirar seiva para cultivar ramos fortes e frutíferos. Este Livro explora Nove Disciplinas Espirituais do Reino de Deus.

Estes Livros estão disponíveis em: www.churchplantinginstitute.com ou em www.amazon.com

Outros Livros De Autoria Do Dr. Hendrik J Vorster

Passo Um - O Ensinamento Fundamental de Cristo - Dr Hendrik J Vorster

Série de Fundamentos do Discipulado - Passo Um - O Ensinamento Fundamental de Cristo

Por Dr. Hendrik J Vorster

Este Curso explora o "Como nascer de novo" e para estabelecer uma base sólida para a vossa fé em Jesus Cristo.

É baseado no capítulo 6: 1 & 2 de Hebreus, e explora:

- Arrependimento de obras mortas,
- Fé em Deus,
- Baptismos,
- Imposição de mãos,
- Ressurreição dos mortos,
- Julgamento Eterno.

Os Manuais e Materiais de Ensino em Vídeo estão disponíveis para compra, a partir de www.discipleshipcourses.com o nosso website: www.churchplantinginstitute.com ou em www.amazon.com

Outros Livros De Autoria Do Dr. Hendrik J Vorster | 119

Passo Dois - Valores e Disciplinas Espirituais - Dr Hendrik J Vorster

Série de Fundamentos do Discipulado - Passo Dois - Valores e Disciplinas Espirituais

Por Dr. Hendrik J Vorster

Este Curso explora o "Como" desenvolver disciplinas espirituais, assim como 52 Valores que Jesus ensinou. Baseia-se nos ensinamentos de Jesus aos seus Discípulos, e explora:

Disciplinas Espirituais

As disciplinas que exploramos são: Leitura, meditação da Palavra de Deus, Oração, Mordomia, Jejum, Servilismo, Simplicidade, Adoração, e Testemunhar.

Valores do Reino de Deus

Humildade, Luto, Mansidão, Paixão Espiritual, Misericórdia, Pureza, Pacificador, Resistência Paciente, Exemplo, Guardião, Reconciliador, Resolução, Amor, Discrição, Perdão, Investidor do Reino de Deus, Mente de Deus, Prioritário do Reino de Deus, Introspectivo, Persistente, Atencioso, Conservador, Fruteiro, Praticante, Responsabilização, Fidelidade, Desconfiança, Unidade, Servidão, Lealdade, Gratidão, Mordomia, Obediência, Cuidado, Compaixão, Cuidado, Confiança, Firmeza, Consentimento, Ensinável, Deferência, Diligência, Confiança, Gentileza, Discernimento, Verdade, Generosidade, Bondade, Vigilância, Perseverança, Honra e Submissividade.

Os Manuais e Materiais de Ensino em Vídeo estão disponíveis para compra, a partir de www.discipleshipcourses.com o nosso website: www.churchplantinginstitute.com ou em www.amazon.com

Passo Três - Desenvolver o Dom e as Competências - Dr Hendrik J Vorster

Série de Fundamentos do Discipulado - Passo Três - Desenvolver o Dom e as Competências

Por Dr. Hendrik J Vorster

Este curso é realizado através de cinco encontros de fim-de-semana. Estes encontros de fim-de-semana foram concebidos para ajudar os Discípulos a descobrir os seus dons espirituais, bem como para aprender a usar os seus dons, e a servir o Senhor para a extensão do Seu Reino. Os Encontros de fim-de-semana são:

Encontro de Descoberta de Presentes

Aprendemos sobre presentes do Gabinete Ministerial, presentes de serviço, e presentes espirituais sobrenaturais. Descobrimos os nossos, e depois aprendemos como os podemos utilizar para construir a Igreja local.

Levantamento do Encontro Bíblico de Fim-de-Semana

Durante este fim-de-semana fazemos um levantamento da Bíblia, desde o Génesis até ao Apocalipse. Aprendemos também sobre a História da Bíblia, bem como como podemos fazer a maior parte do nosso tempo na Palavra.

Partilhando o seu Encontro de Fim-de-Semana de Fé

Durante este fim-de-semana, aprendemos sobre a mensagem do Evangelho, e como partilhar eficazmente a nossa fé.

Encontro de fim-de-semana de superação

Durante este fim-de-semana lidamos com aqueles cardos e espinhos que sufocam o crescimento e colheita da boa semente semeada nas nossas vidas. Abordamos Como superar o medo, o imperdoável, a luxúria e os cuidados do mundo com fé e obediência.

Encontro de Fim-de-Semana de Líderes Pastores
Durante este encontro de fim-de-semana aprendemos sobre ser um Bom Pastor, e como melhor discípulo num pequeno grupo.

Os Manuais e Materiais de Ensino em Vídeo estão disponíveis para compra, a partir de www.discipleshipcourses.com o nosso website: www. churchplantinginstitute.com ou em www.amazon.com

Outros Livros De Autoria Do Dr. Hendrik J Vorster

Passo Quatro- Frutificação - Dr Hendrik J Vorster

Série de Fundamentos do Discipulado - Passo Quatro - Frutificação

Por Dr. Hendrik J Vorster

Fomos salvos para servir. Este curso foi concebido para mobilizar os Crentes, desde os Aprendizes aos Praticantes. Estas sessões foram preparadas para uso individual, com aqueles que estão a dar frutos, e que querem produzir mais frutos. O desenvolvimento destas áreas de forma sustentada e sistemática garantirá tanto a frutificação como a multiplicação. A atenção a estas áreas irá assegurar que produzam frutos duradouros.

Exploramos:
1. Introdução.
2. Caminhando com propósito.
3. Construir relações de propósito. Encontrar Homens dignos de valor
4. Sacerdócio. Rezar eficazmente por aqueles que lhe são confiados. 5. Cuidar compassivamente.
6. Caminhando dignamente.
7. Caminhando no Espírito.
8. Praticar a hospitalidade.

Os Manuais e Materiais de Ensino em Vídeo estão disponíveis para compra, a partir de www.discipleshipcourses.com o nosso website: www. churchplantinginstitute.com ou em www.amazon.com

Série de Fundamentos do Discipulado - Passo Cinco - Multiplicação

Por Dr Hendrik J Vorster

Passo Cinco - Multiplicação - Dr. Hendrik J Vorster

Este curso foi concebido para ajudar os discípulos para ser frutuoso e viver uma vida que encorajará uma vida de fecundidade. Também dará aos nossos discípulos competências e orientações para navegar pelos seus discípulos através de épocas de desafio e crescimento. Este curso está recheado de princípios de Liderança que avançam. Quanto mais estas áreas forem abordadas e encorajadas, tanto mais experimentaremos crescimento e multiplicação.

Exploramos:

1. Visão e sonhos.
2. Estabelecer objectivos divinos.
3. Desenvolvimento do carácter
4. Desenvolvimento de dones- Impartação e Activação
5. A fecundidade vem através de um desafio constante.
6. Relacionamentos - Família, Crianças e Amigos
7. O poder do encorajamento
8. Finanças - Finanças pessoais e do Ministério
9. Lidar com contratempos
   - Como lidar com o fracasso?
   - Como lidar com a traição?
   - Como lidar com a rejeição?
   - Como lidar com os julgamentos?

- Como lidar com o desânimo?
10. Recompensas eternas

Os Manuais e Materiais de Ensino em Vídeo estão disponíveis para compra, a partir de www.discipleshipcourses.com o nosso website: www. churchplantinginstitute.com ou em www.amazon.com

Desenvolvendo dons e Habilidades

Por Dr Hendrik J Vorster

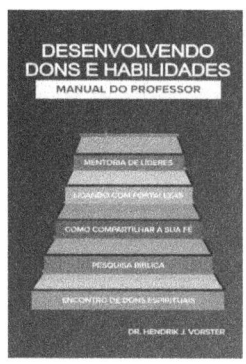

Desenvolvendo dons e Habilidades - Dr Hendrik J Vorster

Esta série de cinco livros e um Manual do Professor foram desenvolvidos como um instrumento de formação para pastores, para equipar os seus membros para o trabalho do ministério. Pode ser oferecido como cinco encontros de fim-de-semana ou 23 sessões semanais. Foi concebido para ajudar os membros a descobrir os seus dons espirituais, bem como para aprender a utilizar esses dons. Oferece uma base bíblica sólida e também se concentra no ministério pessoal e restauração, mobilizando pessoas para servir o Senhor para a extensão do Seu Reino.

Encontro de dons Espirituais

Durante este curso, aprenderemos sobre Presentes de Gabinete Ministerial, Presentes de Serviço, e Presentes Espirituais Sobrenaturais. Descubra os seus próprios, e aprenda a usá-los para construir a igreja local.

Pesquisa Bíblica

Durante este curso, exploramos a Bíblia desde o Génesis até ao Apocalipse. Aprenda sobre a História da Bíblia, bem como como optimizar o tempo que passamos na Palavra.

Como Compartilhar a Sua Fé

Cada crente é chamado a partilhar a sua fé em Jesus Cristo. Durante este curso, aprenderemos a mensagem do Evangelho, e como partilhar eficazmente a nossa fé.

Lidando com Fortalezas

Durante este curso, iremos explorar como lidar com aqueles

cardos e espinhos que sufocam o crescimento e colheita da boa semente semeada nas nossas vidas. Aprenderemos a superar o medo, o imperdoável, a luxúria e os cuidados do mundo com fé e obediência.

Mentoria de Líderes

As pessoas vêm ao Senhor por causa do nosso testemunho, porque vêem a mudança que Deus trouxe nas nossas vidas. Durante este curso, aprenderemos a caminhar com aqueles que vêm a Cristo. Uma das coisas que aprenderemos é como nos tornarmos um bom pastor, como Jesus, e como melhor discipular as pessoas num pequeno grupo.

Série da Fundação Discipulado em Vídeo

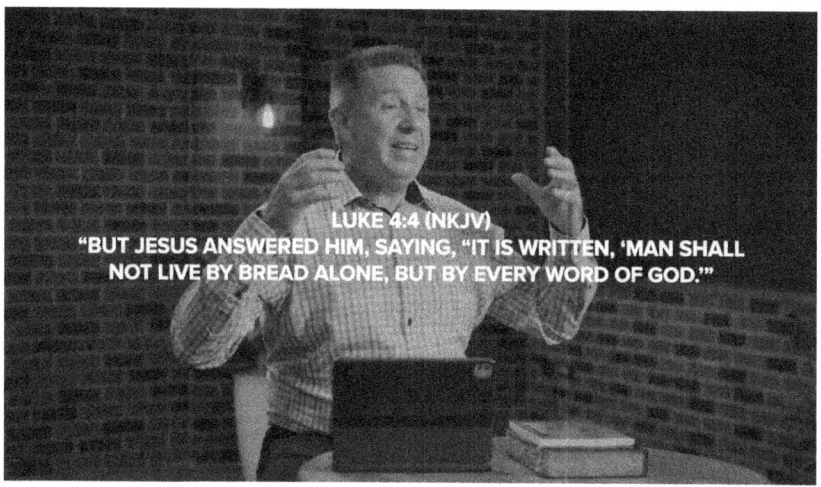

Ensino do Dr. Vorster via Vídeo

185 Videoconferências estão disponíveis para cada uma das Sessões ensinadas ao longo destes Cursos de Discipulado.

Temos Cinco, completamente gravados, Cursos de Discipulado disponíveis em Vídeo em www.discipleshipcourses.com

- **Passo Um - O Ensinamento Fundamental de Cristo** (Este **curso de 7 semanas** ajuda o novo crente a estabelecer, e a construir uma Fundação sólida para que a sua fé possa ser construída). Este curso está disponível, **sem custos,** mediante inscrição gratuita.
- **Passo Dois - Valores e Disciplinas Espirituais** (Este **Curso de 9 semanas** ajuda o jovem crente a baixar as Raízes Espirituais, estabelecendo disciplinas espirituais, e aprendendo os valores do Reino de Deus).
- **Passo Três - Desenvolver o Dom e as Competências**(Este Curso é normalmente apresentado durante **5 Encontros de Fim-de-Semana,** ou durante um **período de 23 semanas.** Exploramos os **Dons Espirituais** e Como

utilizá-los para construir a Igreja local. **Exploramos a Bíblia**, e as suas origens, durante uma parte para assegurar que construímos as nossas vidas com base no Manual da Bíblia. Aprendemos também como partilhar a nossa fé. Aprendemos como lidar com os redutos que nos podem impedir de cumprir o propósito de Deus. E, finalmente, aprendemos **como melhor Mentorar** aqueles a quem conduzimos a Cristo).

- **Passo Quatro** - Disciplinar os **Frutificação** (Durante este **curso de 8 semanas** aprendemos Como ensinar aos nossos Discípulos os princípios que irão desenvolver, e manter, a fecundidade).
- **Passo Cinco** - Multiplicação (Durante este **Curso de 11 semanas** aprendemos **Como Mentorar os nossos Líderes** para liderar os produtores de fruta fortes e saudáveis)

O **registo gratuito** para acesso a estes recursos de Vídeo está disponível em www.dicipleshipcourses.com

Vídeos de formação sobre Plantação de Igrejas

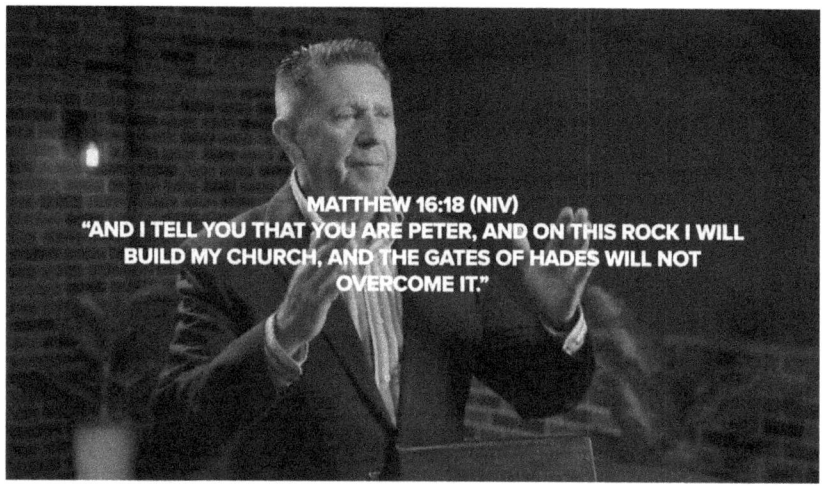

Ensino do Dr. Vorster via Vídeo

42 Videoconferências estão disponíveis neste **Curso de Plantação de Igrejas.**

- Introdução à Plantação de Igrejas
- Porquê plantar Novas Igrejas?
- Fases da Plantação de Igrejas Visão Geral
- Fase 1 - Fase de preparação
- Fase 2 - Fase de Construção de Equipas
- Fase 3 - Fase de pré-lançamento
- Fase 4 - Fase de Lançamento
- Fase 5 - Fase de Multiplicação
- Ensaios de plantação de igrejas
- Próximos Passos

A inscrição gratuita está disponível em www.discipleshipcourses.com

Estão disponíveis sessões de Coaching Avançado para aqueles que se inscreveram no Programa de Formação de Mestres.

www.ingramcontent.com/pod-product-compliance
Lightning Source LLC
Chambersburg PA
CBHW060325050426
42449CB00011B/2655